Digitalización aplicada
a los sectores productivos (GM)

Ramón Ramírez Luz

Marcombo

Digitalización aplicada a los sectores productivos (GM)

Primera edición, 2024

© 2024 Ramón Ramírez Luz

© 2024 MARCOMBO, S. L.
www.marcombo.com

Diseño de la cubierta: cuantofalta.es
Maquetación: D. Márquez
Corrección: Nuria Barroso y Anna Alberola
Directora de producción: M.ª Rosa Castillo

ISBN: 978-84-267-3785-4

D.L.: B 7224-2024

Impreso en Andalusí
Printed in Spain

Libro ecológico
Impreso con papel procedente de bosques gestionados
de manera eficiente, libre de cloro.

Presentación

La digitalización de la sociedad en general, y del conjunto de los sistemas productivos o de prestación de servicios en particular, plantea nuevos retos para la formación profesional. El conjunto de enseñanzas profesionales, tal y como establece el Real Decreto 659/2023, de 18 de julio, por el que se desarrolla la ordenación del Sistema de Formación Profesional, incorpora e integra en la formación las transformaciones fruto de la digitalización, para dar respuesta a las nuevas demandas del mercado laboral y a los perfiles profesionales emergentes.

Este libro asegura una formación en relación con los objetivos, los resultados de aprendizaje y los criterios de evaluación, todos ellos aspectos básicos del currículo, que constituyen las enseñanzas mínimas, que figuran en el módulo de Digitalización Aplicada a los Sectores Productivos, considerado de carácter transversal en la estructura de los ciclos formativos de grado medio.

Está dirigido, fundamentalmente, a los alumnos de los nuevos grados D del sistema de Formación Profesional, que se corresponden con los Ciclos Formativos de Formación Profesional de Grado Medio, en cuya estructura modular deben cursar el módulo asociado a las habilidades y capacidades transversales de Digitalización Aplicada al Sistema Productivo, que tendrá como finalidad el desarrollo de conocimiento y competencias básicas en digitalización y las condiciones en que esta induce modificaciones en los procesos productivos del sector correspondiente.

También sirve para facilitar la programación de la fase de formación en una empresa u otro organismo equiparado, ajustando sus unidades de trabajo en función de los resultados de aprendizaje desarrollados en este módulo profesional no asociado a estándares de competencia, que contribuye a la consecución de la madurez profesional y se considera imprescindibles para la consecución de las competencias generales y profesionales. A tal fin, incorpora aspectos relacionados con la digitalización, siempre vinculados al desempeño profesional.

En la unidad 1 se han establecido las diferencias entre la economía lineal y la economía circular, y se han identificado las ventajas de la segunda en relación con el medioambiente y el desarrollo sostenible.

En la unidad 2 se han definido los principales aspectos de la 4ª Revolución Industrial, y se han señalado los cambios y las ventajas que estos producen tanto desde el punto de vista de los clientes como de las empresas.

En la unidad 3 se ha identificado la estructura de los sistemas basados en la nube, y se han descrito su tipología y su campo de aplicación.

En la unidad 4 se han comparado los sistemas de producción/prestación de servicios digitalizados y los sistemas clásicos, y se han identificado las mejoras introducidas.

En la unidad 5 se ha elaborado un plan de transformación de una empresa clásica del sector en el que se enmarca el título, basada en una EL, al concepto 4.0, determinando los cambios a introducir en las principales fases del sistema e indicando cómo afectarían estos a los recursos humanos.

Índice

Economía lineal y circular

En esta unidad vas a estudiar:

- Introducción.
- Economía lineal y circular. Modelos de empresas basados en economía lineal y circular.
- Modelos de empresas y afectación del medio ambiente.
- Importancia del reciclaje en los modelos económicos.
- Procesos reales basados en economía lineal. Procesos reales basados en economía circular.
- Comparativa de los modelos en relación con su impacto medioambiental y los objetivos de desarrollo sostenible.

Con su estudio, va a ser capaz de:

- Identificar las etapas «típicas» de los modelos basados en la economía lineal (EL) y modelos basados en la economía circular (EC).
- Analizar cada etapa de los modelos EL y EC y su repercusión en el medio ambiente.
- Valorar la importancia del reciclaje en los modelos económicos.
- Identificar procesos reales basados en EL.
- Identificar procesos reales basados en EC.
- Comparar los modelos anteriores en relación con su impacto medioambiental y los objetivos de desarrollo sostenible (ODS).

1.1 Introducción

La digitalización ha revolucionado la economía, abriendo un abanico de posibilidades a través de las nuevas tecnologías digitales. La combinación de sistemas ciberfísicos de producción, el análisis de Big Data, el Internet de las cosas (IoT) y la creación de nuevos mercados ha generado oportunidades sin precedentes para crear valor económico de manera más sostenible. En este contexto, la EC emerge como un enfoque alternativo al modelo lineal e insostenible en el que España se encuentra inmersa.

En este capítulo, se exploran en detalle las diferencias entre la EL y la EC, y se destacan las ventajas que la EC ofrece en términos de medio ambiente y desarrollo sostenible. Se analiza cómo la digitalización desempeña un papel fundamental en la transición hacia este nuevo modelo económico, e impulsa la captura de valor en la EC.

1.2 Economía lineal y circular. Modelos de empresas basados en economía lineal y circular

En el ámbito empresarial, la adopción de modelos basados en EL y EC representa dos enfoques muy distintos en la forma de concebir y operar los sistemas productivos. A continuación, se explican las etapas«típicas» que caracterizan cada uno de estos modelos y cómo se reflejan en las prácticas empresariales.

1.2.1 Economía lineal

Las decisiones se pueden tomar en tres niveles diferentes.

Desde la Revolución Industrial hasta la actualidad, las empresas han puesto su ingenio, esfuerzo, trabajo y recursos de todo tipo para desarrollar actividades y productos capaces de generar valor añadido.

Sin embargo, la extracción de materias primas, el uso de agua y energía para transformarlas en productos y/o servicios, y la distribución y comercialización hasta el consumo ha llevado a una insostenibilidad del sistema que hay que revertir.

La sobreexplotación de los recursos que conlleva el actual modelo de EL amenaza su disponibilidad para el desarrollo de las actividades económicas y degrada los ecosistemas, lo cual deriva en consecuencias negativas para la salud humana, el medioambiente y la economía.

PARA RECORDAR

La EL funciona bajo un sistema en el que todo lo fabricado tiene un final y sale del ciclo productivo. Comienza por consumir (*take*) materias primas, luego se procesan (*make*) y se convierten en un producto, que generalmente es de un solo uso (*use*) o tiene una corta vida útil (*dispose*) y se desecha (*waste*).

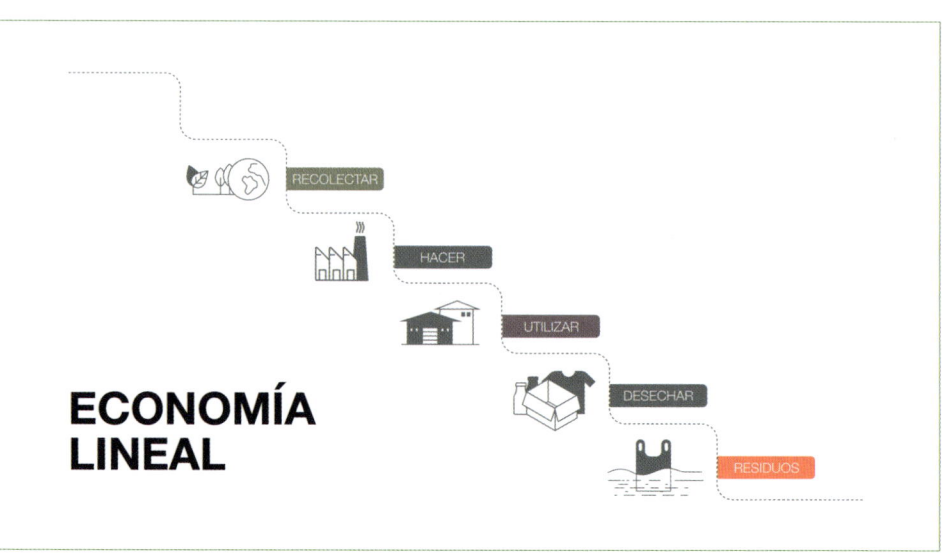

Figura 1.1 Modelo de EL.

El modelo de la EL consta de las siguientes etapas típicas:

1. La **extracción** de los recursos naturales o materias primas; por ejemplo, agua, minerales, bosques, aire, animales, petróleo, gas natural, entre otros. Los recursos se consideran abundantes y de fácil acceso, y no se tienen en cuenta los posibles impactos ambientales o la sostenibilidad a largo plazo.

2. Su siguiente paso es la producción de estos recursos naturales, lo que también se conoce como la **transformación** de los recursos para obtener los bienes o servicios generados.

3. Consumo y **utilización**. Una vez que los productos son fabricados, se distribuyen y los usuarios finales los consumen. En esta etapa, el enfoque principal es el consumo rápido y desechable, y no se considera la vida útil prolongada o la posibilidad de reutilización.

4. Eliminación de residuos. Al final de su vida útil, los productos se consideran **desechos** y se eliminan mediante métodos convencionales, como vertederos o incineración. Esta etapa implica una gestión ineficiente de los residuos, con un enfoque limitado en la recuperación de materiales o la reducción del impacto ambiental.

Figura 1.2 Etapas de la EL.

Esta característica del modelo de economía lineal lo hace muy ineficiente e insostenible, puesto que tanto los recursos naturales como las fuentes energéticas no son ilimitados, sino que pueden agotarse con rapidez, además de las consecuencias extremadamente negativas que este proceso conlleva a nivel ambiental.

1.2.2 Economía circular

Por los motivos expuestos, y como alternativa al modelo de EL, ha ido emergiendo un nuevo modelo, designado EC, el cual hace hincapié en la reparación, reciclaje, reaprovechamiento y reutilización para que la economía y la vida en el planeta sea más sustentable. En este nuevo modelo, lo que antes era un residuo ahora pasa a ser un recurso.

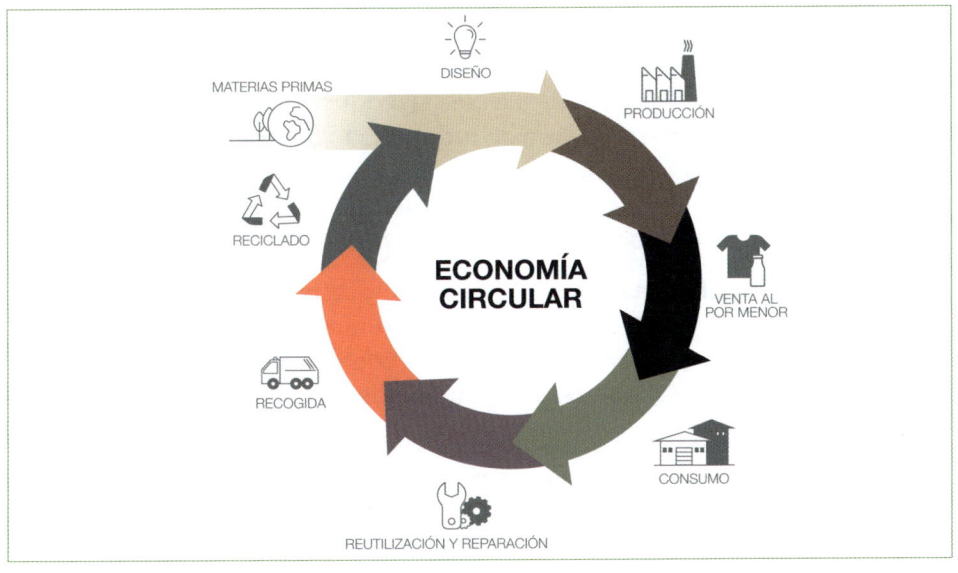

Figura 1.3 Concepto de EC.

La EC es un proceso económico que promueve la producción de bienes y servicios de manera sostenible, reduciendo el consumo, el tiempo, las fuentes de energía y los desperdicios. El principio básico de este modelo aplica la regla «reducir, reutilizar y reciclar (3R)» en un círculo continuo; sin embargo, con el tiempo, se han incorporado otras R o principios hasta llegar a las 9R.

Figura 1.4 Las 3R a aplicar en la EC.

La EC se basa en tres principios:

1. **Preservar y mejorar el capital natural.** Este principio consiste en la búsqueda de una **utilización de los flujos de recursos naturales y renovables cada vez más eficiente**. Cuando sea necesario aportar recursos naturales, se deben seleccionar aquellos que empleen recursos renovables o que utilicen menores cantidades de productos naturales.

   Una economía circular mejora el capital natural creando condiciones que, por ejemplo, permiten la regeneración del suelo.

2. **Optimizar el uso de los recursos.** El segundo principio se basa en buscar una **mayor rotación de los productos y sus componentes, logrando un mayor ciclo de utilización** y, por lo tanto, un **mayor ciclo de vida**. Para ello, es fundamental el **ecodiseño**, de tal manera que el producto se pueda crear, reparar y/o reciclar de una manera eficiente.

3. **Fomentar la eficacia del sistema.** Este tercer principio se alcanza **reduciendo las externalidades de los procesos de utilización de recursos naturales** (por ejemplo, utilizando restos alimentarios, empleando menos o mejor el territorio…), y **buscando sinergias entre los diferentes agentes** que intervienen en este proceso.

El modelo de la EC consta de las siguientes etapas típicas:

1. **Ecodiseño.** Se trata del diseño que idea el producto considerando los impactos medioambientales a lo largo de todo su ciclo de vida, en lugar de pensar solo en su primera utilización. Siempre será más sostenible un producto que se ha diseñado pensando en reducir la generación de residuos y en qué hacer con ellos que un producto que no lo ha hecho.

2. **Producción/reelaboración.** Adopción de procesos de producción más limpios y amigos del ambiente, que limiten la utilización de sustancias tóxicas y contaminantes, promuevan la eficiencia energética e identifiquen nuevas utilizaciones para los subproductos obtenidos con el proceso productivo.

3. **Distribución.** Desarrollo de servicios de logística y de formas de distribución conjunta y compartida, elecciones más sustentables de medios y formas de transporte, así como preocupación con la utilización de materiales reciclables y reducción del sobreenvasado.

4. **Consumo** y producción local y de temporada. Esto se realiza optimizando la gestión territorial de los productos y servicios.

5. **Reparación/reutilizar.** Maximización de la vida útil del producto y optimización de los procesos de reparación, sustitución de piezas y reutilización para la misma función o para funciones diferentes.

6. **Reciclaje.** Aprovechar los materiales que se encuentran en los residuos y darles una nueva vida, para hacer nuevos productos con ellos.

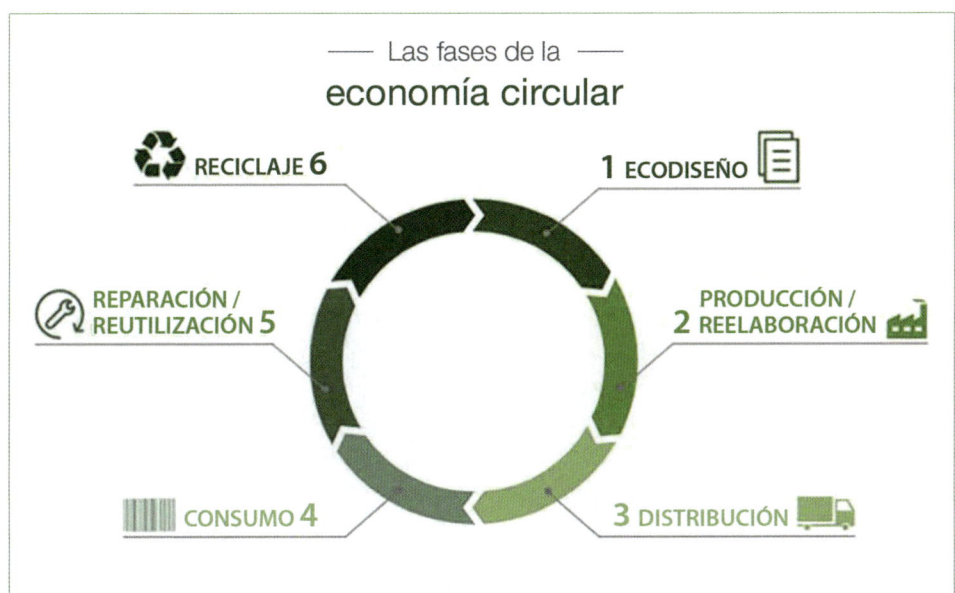

— Las fases de la —
economía circular

RECICLAJE 6
1 ECODISEÑO
REPARACIÓN / REUTILIZACIÓN 5
PRODUCCIÓN / 2 REELABORACIÓN
CONSUMO 4
3 DISTRIBUCIÓN

Figura 1.5 Las fases de la EC.

— **PARA SABER MÁS** —
¿Qué es la economía circular? Es un modelo de producción y consumo que permite avanzar hacia una economía eficiente y respetuosa con el planeta. La Estrategia de Economía Circular «España Circular 2030» contribuye a los esfuerzos por lograr una economía sostenible y descarbonizada (https://youtu.be/aB2mK5QKyvY).

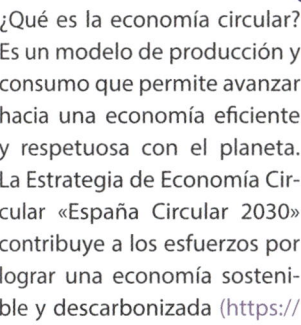

1.2.3 Modelos de empresas basados en economía lineal

En los modelos de empresas basados en EL, se sigue una secuencia lineal en las etapas de producción y consumo, sin tener en cuenta la optimización de recursos, la reutilización o el ciclo de vida prolongada de los productos. Algunos ejemplos de modelos de empresas basados en EL son:

1. **Fabricación convencional.** En este modelo, las empresas se centran en la producción en masa de productos que están diseñados para ser utilizados y desechados rápidamente. La eficiencia y la reducción de costes son los principales objetivos, y no se consideran el impacto ambiental o la sostenibilidad a largo plazo.

2. **Obsolescencia programada.** Algunas empresas adoptan prácticas de obsolescencia programada, al diseñar productos con una vida útil limitada o al introducir cambios tecnológicos que hacen que los productos antiguos sean obsoletos. Esto impulsa a los consumidores a comprar nuevos productos con mayor frecuencia, manteniendo así un ciclo de consumo constante.

3. **Modelo de negocio de uso único.** En este modelo, las empresas producen y venden productos que se utilizan una sola vez y luego se desechan. Los envases de un solo uso, como botellas de plástico o envoltorios desechables, son ejemplos comunes de este enfoque. No se considera la reutilización o el reciclaje de los productos.

4. **Economía lineal en la industria de la moda.** En la industria de la moda, se sigue un modelo lineal en el que se produce ropa a gran escala, se vende y se descarta después de un breve periodo de uso. La rápida rotación de la moda y la promoción de tendencias efímeras fomentan el consumo excesivo y la generación de residuos.

— **GLOSARIO** —
Obsolescencia programada. Hoy en día son pocos los artículos que no están programados para morir antes o después. Impresoras que dejan de funcionar, baterías de smartphones que se rompen, bombillas que dejan de iluminar, etc. A esto se lo denomina obsolescencia programada. Este concepto se define en: https://youtu.be/O0-swJRrB-mE

Black Friday: el sobreconsumo amenaza al clima y a la naturaleza.

Solución:

Los artículos más vendidos durante este evento son: moda, calzado y complementos, electrodomésticos, aparatos electrónicos y teléfonos móviles, aunque estos últimos tienen su pico en el Cyber Monday.

Desde 2015, las ventas del Black Friday han aumentado un 10-20% cada año. A este incremento hay que añadirle un cambio de patrón en el consumo, a partir de 2019, donde se incrementó la compra *online*.

El ritmo de consumo actual implica un derroche de materias primas, agua potable y energía insostenible para el planeta.

Estos modelos de empresas basadas en EL han sido dominantes en muchos sectores durante décadas, pero están siendo cuestionados debido a sus impactos negativos en el medioambiente y en la sociedad. Cada vez más empresas están reconociendo la necesidad de adoptar un enfoque de EC, que busca optimizar los recursos, minimizar los residuos y fomentar la sostenibilidad en todas las etapas del ciclo de vida de los productos.

Figura 1.6 Los guantes de plástico de un solo uso incrementan el efecto invernadero.

1.2.4 Modelos de empresas basados en economía circular

Los modelos de empresas basados en EC se centran en maximizar el valor de los recursos, minimizar los residuos y fomentar la sostenibilidad a lo largo de todo el ciclo de vida de los productos. Estos modelos se caracterizan por la adopción de prácticas que promueven la reutilización, el reciclaje, la regeneración y la gestión eficiente de los recursos. A continuación, se presentan algunos ejemplos de modelos de empresas basados en EC:

1. **Economía de la funcionalidad.** En este modelo, las empresas no venden productos, sino que ofrecen servicios basados en el uso y la funcionalidad de los productos. Por ejemplo, en lugar de vender una máquina de impresión, la empresa puede ofrecer servicios de impresión bajo demanda. Esto promueve la prolongación de la vida útil de los productos y reduce la necesidad de adquirir nuevos equipos.

2. **Diseño para la circularidad.** Las empresas que adoptan este modelo se enfocan en diseñar productos teniendo en cuenta su ciclo de vida completo. Se buscan materiales renovables, reciclables y fácilmente separables para facilitar la reutilización y el reciclaje al final de su vida útil. Además, se promueve la reparabilidad y la modularidad de los productos para prolongar su vida útil.

3. **Sistemas de logística inversa.** En este enfoque, las empresas implementan sistemas eficientes para recuperar y reutilizar productos al final de su vida útil. Se mejoran procesos de canibalización, reparación, reacondicionamiento, refabricación y reciclaje de productos para recuperar materiales y componentes valiosos. Esto permite cerrar el ciclo de los productos y reducir la generación de residuos.

4. **Modelos de negocio basados en la economía colaborativa.** Estos modelos se centran en compartir y aprovechar al máximo los recursos disponibles. Plataformas de intercambio, alquiler y préstamo permiten que los productos sean utilizados por múltiples usuarios, reduciendo así la necesidad de adquirir nuevos productos y disminuyendo el consumo excesivo.

5. **Economía regenerativa.** Algunas empresas adoptan un enfoque regenerativo, con el que buscan restaurar y regenerar los recursos naturales utilizados en sus procesos. Se implementan prácticas agrícolas sostenibles, como la agricultura regenerativa, que mejora la salud del suelo y promueve la biodiversidad.

> **GLOSARIO**
>
> Canibalización, en la logística inversa, hace referencia a la recuperación de una parte de los componentes de aquellos productos que ya han finalizado su vida útil.

EJEMPLO 1.2

Modelos de empresas basados en economía de la funcionalidad son las lavanderías industriales y las lavanderías autoservicio.

Solución:

La primera comprende la recogida y entrega de prendas en el centro cliente (con lo que este se ahorra el transporte), el lavado, el secado, el planchado, el doblado y la clasificación de cada prenda. En la segunda, el cliente llena la lavadora, no es necesario poner el jabón, elige el programa deseado y, tras hacer el pago en el mecanismo que hay en ella, como si se tratara de una máquina expendedora, el ciclo de lavado comienza de forma automática.

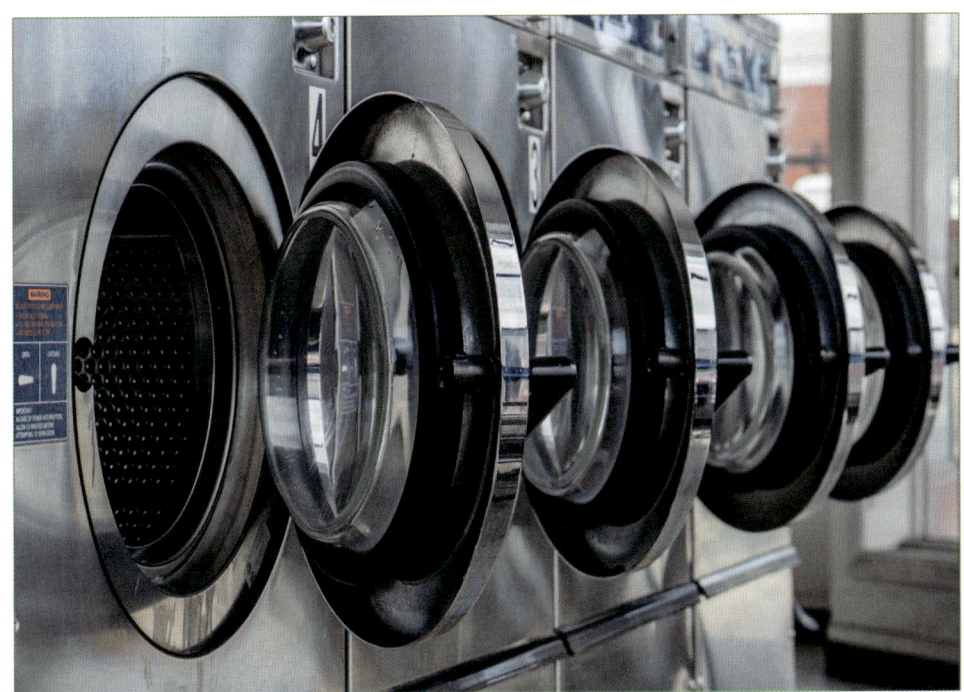

Figura 1.7 La lavandería permite pagar por el lavado, y evita el coste de comprar una lavadora.

EJEMPLO 1.3

Modelos de negocio basados en la economía colaborativa son las aplicaciones de trayectos compartidos.

Solución:

Las Apps de transporte participativo. Una persona contrata un trayecto en una aplicación de trayectos compartidos y, si encuentra a otro pasajero en la misma ruta, comparten el coste. De esta forma, ambos pasajeros pagan mucho menos del importe medio mientras que el conductor ahorra en combustible.

Figura 1.8 BlaBlaCar. Comunidad de usuarios que conecta a conductores que tienen asientos vacíos con pasajeros que se dirigen al mismo lugar.

──────────── EJEMPLO 1.4 ────────────

Modelos de negocio basados en la canibalización propia de la logística inversa.

Solución:

Surplus Motos, empresa de recambios de motos de ocasión, basa su negocio en la canibalización. En su plataforma logística, la compañía lleva a cabo operaciones como la descontaminación, el desmontaje y la limpieza de los componentes. Después, los artículos se fotografían, se almacenan y se ponen a la venta a un precio entre un 30 y 70% más barato en comparación con los recambios nuevos.

Surplus Motos gestiona 300.000 piezas para reciclar 10.000 motos al año en su almacén automático de cajas

Figura 1.9 Surplus Motos, empresa de recambios de motos de ocasión, basa su negocio en la canibalización.

EJEMPLO 1.5

Modelos de negocio basados en la economía regenerativa.

Solución:

ASHES TO LIFE elabora productos ecológicos con una pequeña porción de ceniza de los bosques que han sufrido incendios y destina beneficios de su venta a la restauración de esos mismos bosques a través de un protocolo de restauración ecológica.

https://youtu.be/MF4aa4QAMnQ

Las empresas basadas en EC representan un cambio de paradigma hacia un enfoque más sostenible, que busca optimizar los modelos, minimizar los residuos y crear valor económico de manera más responsable y resiliente. A medida que aumenta la conciencia sobre la importancia de la sostenibilidad, se espera que cada vez más empresas adopten estos modelos y contribuyan a la transición hacia una EC.

Los principales objetivos de aplicar la EC en las empresas son:

- Optimización del uso de recursos naturales, materias primas y agua.
- Reducir la emisión de gases de efecto invernadero.
- Diseño que facilite la reparación y el uso posterior de componentes.
- Cooperación y colaboración con otras organizaciones.
- Buscar soluciones sostenibles mediante sinergias con otras empresas.
- Uso de energía renovable.
- Eficiencia energética: reducir el consumo de energía.
- Minimización de residuos o residuo cero.
- Generar nuevos perfiles laborales especializados.
- Avanzar con ayuda de la ciencia respetando la naturaleza.

1.3 Modelos de empresas y afectación del medio ambiente

Los modelos de empresas pueden generar diferentes tipos de efecto en el medio ambiente, dependiendo del sector en el que operan y de las prácticas que implementan. A continuación, se mencionan algunos ejemplos de modelos de empresa y su potencial impacto ambiental:

- **Sector primario.** Incluye actividades relacionadas con la extracción de recursos naturales y la producción de materias primas. Las empresas agrícolas, ganaderas, pesqueras y forestales pueden tener una afectación en el medio ambiente a través de la deforestación, **la sobreexplotación de los recursos naturales, el uso intensivo de agua y productos químicos**, la pérdida de biodiversidad y la contaminación del suelo y del agua.

- **Sector secundario.** Comprende las actividades industriales y manufactureras. Las empresas en este sector pueden tener un impacto negativo en el medio ambiente a través de **la emisión de gases contaminantes, la generación de residuos tóxicos y no biodegradables, el consumo intensivo de recursos naturales y la contaminación del aire**, el agua y el suelo. Sin embargo, también existen empresas que adoptan prácticas más sostenibles, como la implementación de tecnologías limpias y la reducción de residuos.

- **Sector terciario.** Engloba los servicios, como el comercio, la hostelería, la educación y la salud. Aunque este sector puede tener **un impacto ambiental indirecto a través de la demanda de recursos y energía**, su afectación suele ser menor en comparación con los sectores primario y secundario. Sin embargo, las empresas del sector terciario pueden contribuir al desarrollo sostenible al adoptar prácticas de eficiencia energética, reducción de residuos y promoción de productos y servicios sostenibles.

- **Sector cuaternario.** Se refiere a actividades basadas en el conocimiento, como la investigación, la consultoría, el desarrollo y la investigación de nuevas tecnologías. Las tecnologías punta se aplican a todos los sectores de la economía y llevan la delantera en la investigación científico-tecnológica; son, por ejemplo, la microelectrónica, la informática, la robótica, la industria aeroespacial, las telecomunicaciones y la biotecnología. En general, las empresas en este sector **tienen una menor afectación directa en el medioambiente**, ya que su actividad se centra en la generación y aplicación de ideas y conocimientos. Sin embargo, estas empresas pueden influir indirectamente en el medioambiente a través de sus productos, servicios y recomendaciones, por ejemplo, al desarrollar soluciones tecnológicas para la sostenibilidad o al asesorar sobre prácticas ambientales.

Es importante tener en cuenta que el impacto ambiental de las empresas puede variar ampliamente dentro de cada sector. Algunas empresas adoptan prácticas sostenibles y buscan minimizar su **huella ambiental**, mientras que otras pueden tener un enfoque menos responsable. La conciencia ambiental y la adopción de medidas sostenibles son cada vez más importantes para las empresas en todos los sectores, a medida que se busca lograr un desarrollo más sostenible y respetuoso con el medio ambiente.

EJEMPLO 1.6

Ejemplo de afectación de la agricultura y la ganadería al medioambiente.

Solución:

- La roturación de tierras para el cultivo y para pastos provoca la deforestación de extensas zonas.

- La sobreexplotación ha causado el agotamiento de algunos suelos.

- El uso abusivo de insecticidas, pesticidas y fertilizantes provoca la contaminación del suelo y el agua.

- El elevado consumo de agua ocasiona la sobreexplotación de los acuíferos, lo que puede producir su agotamiento y la contaminación.

Figura 1.10 Deforestación a gran escala en la selva tropical de Borneo para dar paso a las plantaciones de aceite de palma.

EJEMPLO 1.7

El impacto de la industria manufacturera en el medioambiente.

Solución:

La industria manufacturera es una de las principales causas de la contaminación del aire. La operación de las fábricas produce emisiones de contaminantes, como disolventes orgánicos, dióxido de azufre y óxidos de nitrógeno.

Estos contaminantes pueden dañar el medioambiente al contribuir a fenómenos globales como el cambio climático, el efecto invernadero, el agujero de ozono y el aumento de la desertificación.

Figura 1.11 Contaminación del aire y el agua a causa del drenaje de aguas residuales y del humo de chimenea emitidos por el polígono industrial.

Figura 1.12 Foto aérea de altos edificios y de la playa en una lengua natural de La Manga entre el Mediterráneo y el Mar Menor.

Figura 1.13 Afección al medioambiente provocada por varias torres e infraestructuras de telecomunicaciones.

1.4 Importancia del reciclaje en los modelos económicos

El reciclaje desempeña un papel fundamental en los modelos económicos sostenibles y en la transición hacia una economía circular. A continuación, se destacan algunas de las razones por las que el reciclaje es importante en los modelos económicos:

- **Conservación de recursos.** El reciclaje permite aprovechar y reutilizar los materiales y recursos presentes en los productos desechados. Esto reduce la dependencia de la extracción de nuevas materias primas y ayuda a conservar los recursos naturales, como los minerales, el agua y la energía.

- **Reducción de residuos.** El reciclaje contribuye a la reducción de la cantidad de residuos enviados a los vertederos. Al transformar los desechos en nuevos materiales o productos, se evita la acumulación de residuos y disminuye la necesidad de nuevos espacios para su disposición final.

- **Mitigación del cambio climático.** La producción de nuevos materiales a partir de materias primas vírgenes requiere una gran cantidad de energía y emite gases de efecto invernadero. El reciclaje reduce la necesidad de extraer, procesar y transportar nuevas materias primas, lo que contribuye a disminuir las emisiones de gases de efecto invernadero y reduce el cambio climático.

- **Generación de empleo y crecimiento económico.** La implementación de sistemas de reciclaje crea empleos en la recolección, clasificación, procesamiento y fabricación de productos reciclados. Además, fomenta el desarrollo de nuevas industrias y oportunidades comerciales relacionadas con la gestión de residuos y la economía circular.

- **Mejora de la competitividad empresarial.** El reciclaje ofrece ventajas competitivas a las empresas, al reducir sus costes de producción y materiales, así como al cumplir con las expectativas de los consumidores y con las condiciones ambientales cada vez más estrictas.

- **Conciencia ambiental y responsabilidad social.** El reciclaje promueve la conciencia ambiental y la responsabilidad social, tanto en las empresas como en los consumidores. Ayuda a cambiar la mentalidad de «usar y tirar» hacia una mentalidad de conservación de recursos y gestión responsable de los residuos.

Figura 1.14 El sistema de reciclaje crea empleos en la recolección, clasificación y procesamiento.

Figura 1.15 Conciencia ambiental y responsabilidad social de los consumidores y empresas.

Figura 1.16 Mitigación del cambio climático.

• **Conservación de recursos.** El reciclaje permite aprovechar y reutilizar los materiales y recursos presentes en los productos desechados.

Figura 1.17 Conservación de los recursos al aprovechar y reutilizar los materiales.

1.4.1 ¿Cuáles son las 9R de la economía circular?

El reciclaje juega un papel crucial en los modelos económicos sostenibles, pero también es importante tener en cuenta otras estrategias y enfoques dentro de la economía circular. Las 9R de la EC son una serie de principios y acciones que se enfocan en maximizar la eficiencia de los recursos y minimizar los residuos.

Se considera el paso evolutivo de la práctica de las **3R (reutilizar, reparar, reciclar)** a un concepto mucho más amplio, el de EC, que se extiende a bienes y servicios y a consumos de recursos (como agua y energía), estableciendo así una secuencia de actuación que se sustenta sobre «**nueve erres**» (**9R**).

Figura 1.18 3R: reutilizar, reparar, reciclar.

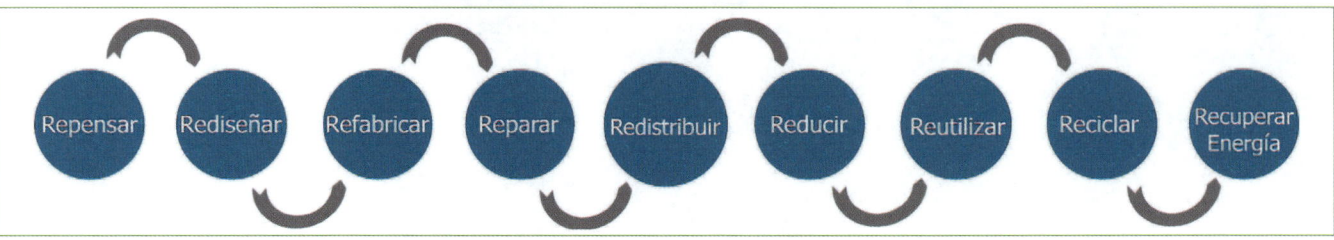

Figura 1.19 Concepto multi-R para aplicar en la economía circular.

- **Repensar.** Reflexionar sobre las necesidades para adquirir solo los bienes necesarios, reduciendo de esta forma la cantidad total de residuos.

- **Rediseñar.** Incorporar los principios del ecodiseño a los nuevos productos para minimizar la demanda de material y energía y que, de este modo, generen menos residuos, lo que facilita la reintroducción del producto en la cadena de procesado y tratamiento posterior.

- **Refabricar.** Devolver los objetos usados a un estado similar al que presentaban cuando eran nuevos, de forma que puedan venderse otra vez. Implica desmontar, limpiar, reparar y actualizar productos para devolverlos a un estado como nuevo. Esto permite extender la vida útil de los productos y reducir la necesidad de fabricar nuevos productos.

- **Reparar.** Consiste en arreglar productos dañados o averiados en lugar de desecharlos y reemplazarlos, sustituyendo alguna pieza averiada o reponiendo algún componente agotado. La reparación fomenta la durabilidad de los productos y evita la generación de residuos.

- **Redistribuir.** Aprovechar el espacio ambiental, haciendo un reparto equilibrado del consumo, para que todos tengan acceso a los recursos naturales.

- **Reducir.** Consiste en minimizar la cantidad de recursos utilizados en la producción y el consumo. Esto implica tomar decisiones conscientes para reducir la demanda de materias primas y energía, así como limitar la generación de residuos.

- **Reutilizar.** Se refiere a utilizar productos, componentes o materiales nuevamente sin procesamiento adicional. Esto implica extender la vida útil de los productos a través de la reparación, el mantenimiento y la redistribución, para reducir el uso de materias primas vírgenes en la fabricación de nuevos productos.

- **Reciclar.** Separar los materiales y productos desechados por los usuarios e introducirlos en procesos industriales y convertirlos en nuevos productos o materiales. El reciclaje ayuda a reducir la necesidad de extraer y producir nuevos recursos, minimizando así el impacto ambiental.

- **Recuperar la energía.** Transformar los residuos en alguna forma de energía, aprovechando el importante contenido calorífico de los mismos.

Estas 9 R de la EC promueven un enfoque holístico y sistémico para maximizar el valor de los recursos, minimizar la generación de residuos y reducir el impacto ambiental de los modelos económicos. Al implementar estas prácticas, se puede avanzar hacia una economía más sostenible y resiliente.

─ PARA SABER MÁS ─

Este vídeo sobre las 9 R de la economía circular es una guía hacia la que la administración, empresas e incluso ciudadanos pueden orientar sus esfuerzos.

https://youtu.be/u4nGupcnTaY

1.5 Procesos reales basados en economía lineal. Procesos reales basados en economía circular

A continuación, se identifican algunos ejemplos de procesos reales basados en EL y EC. La EC busca cerrar el ciclo de los recursos, minimizar los residuos y promover la eficiencia en el uso de los recursos, mientras que la EL sigue un modelo de extracción, producción, uso y eliminación lineal sin tener en cuenta la conservación de los recursos y los impactos ambientales.

1.5.1 Procesos reales basados en economía lineal

- **Extracción de recursos naturales.** En la EL, los recursos naturales se extraen en grandes cantidades para la producción de bienes y servicios, sin tener en cuenta su agotamiento o los impactos ambientales asociados. Algunos ejemplos de procesos de extracción de recursos naturales en la EL son:

– **_Minería de carbón._** La extracción de carbón es un proceso común en la EL para obtener este combustible fósil utilizado en la generación de energía y la producción industrial.

Figura 1.20 Trabajador de una mina de carbón a cielo abierto.

– **_Extracción de petróleo._** La industria petrolera extrae petróleo crudo del subsuelo para su posterior refinamiento y uso en la producción de combustibles, plásticos y otros productos derivados.

Figura 1.21 Helicóptero aterrizando en una plataforma petrolífera.

— **Tala de árboles.** La industria forestal lleva a cabo la tala de árboles para obtener madera utilizada en la construcción, muebles, papel y otros productos de origen forestal.

Figura 1.22 Carga de madera en un camión durante una tala de árboles cortados en una zona forestal.

— **Minería de metales.** La extracción de metales como el hierro, el cobre, el oro y la plata implica la extracción de minerales y su posterior procesamiento para obtener los metales utilizados en diversas industrias, como la construcción, la electrónica y la fabricación de automóviles.

Figura 1.23 Maquinaria de cinta transportadora portátil en una mina de cobre en Chile.

– **Extracción de minerales industriales.** La extracción de minerales como el yeso, la sal, el feldespato y la arcilla se realiza para su uso en la construcción, la fabricación de productos químicos, la producción de cerámica y otros usos industriales.

Figura 1.24 Dos trabajadores industriales que marcan una pieza de granito en una mina al aire libre.

– **Producción masiva.** En la economía lineal, se sigue un enfoque de producción masiva para satisfacer la demanda del mercado. Los productos se fabrican en grandes cantidades sin considerar la durabilidad, reparabilidad o reciclabilidad.

• **Uso de productos de un solo uso.** En la EL, se fomenta el uso de productos de un solo uso, como envases desechables, que generan una gran cantidad de residuos después de un solo uso.

– **Envases desechables.** Los envases de plástico, como botellas, tazas y recipientes de comida para llevar, son utilizados una sola vez y luego desechados.

– **Bolsas de plástico.** Las bolsas de plástico de un solo uso son ampliamente utilizadas en tiendas y supermercados para transportar compras, pero luego son descartadas después de su uso.

– **Cubiertos y utensilios desechables.** Los cubiertos de plástico, pajitas, palillos y otros utensilios de un solo uso se utilizan para comidas rápidas o eventos, y luego son desechados.

– **Toallas y pañuelos desechables.** Las toallas de papel y los pañuelos desechables son utilizados una sola vez y luego se descartan.

– **Productos de higiene desechables.** Artículos como pañales desechables, hisopos de algodón, toallitas húmedas y apósitos sanitarios son utilizados una sola vez y se desechan.

Figura 1.25 Eliminación de pañales desechables de bebés.

- **Eliminación de residuos.** En la EL, los residuos se eliminan principalmente mediante la incineración o el vertido en vertederos, lo que resulta en la pérdida de recursos y la contaminación del medioambiente.

Figura 1.26 Planta incineradora de residuos con chimenea humeante.

1.5.2 Procesos reales basados en economía circular

Diseño de productos sostenibles. En la EC, se prioriza el diseño de productos con criterios de sostenibilidad, considerando su ciclo de vida completo, incluyendo la facilidad de reparación, reutilización y reciclaje.

──── EJEMPLO 1.8 ────

Diseño de utensilios biodegradables.

Solución:

Existen utensilios biodegradables, como estos productos de embalaje natural (plato, cuenco y taza) hechos de caña de azúcar y fibra de CPLA fabricados por Suzhou QUANHUA Biomaterial Co., Ltd. (www.naturecutlery.com), China.

Figura 1.27 Utensilios biodegradables (plato, cuenco y taza) hechos de caña de azúcar y fibra de CPLA.

Economía del compartir. En la EC, se fomenta el intercambio y el alquiler de productos, lo que reduce la necesidad de poseer productos individualmente y prolonga su vida útil. Como, por ejemplo, los vehículos compartidos. La crisis sanitaria y económica ha cambiado la forma de moverse de las personas y ha llevado al auge de la movilidad compartida con el *boom* de los patinetes eléctricos.

Figura 1.28 Patinetes eléctricos, el *boom* de la economía colaborativa.

Recuperación y reciclaje de materiales. En la EC, se enfatiza la recuperación y el reciclaje de materiales al final de su vida útil. Se implementan sistemas de recogida selectiva, clasificación y procesamiento de residuos para convertirlos en nuevos materiales o productos.

EJEMPLO 1.9

Recuperación del vidrio de desecho para reciclar en la industria.

Solución:

El vidrio plano roto y de envases de vidrio que se recicla de la planta de FCC para el reciclaje de residuos de vidrio en la localidad de Cadrete (Zaragoza), donde estos residuos son tratados, clasificados y acondicionados mediante diferentes técnicas.

https://www.crismol.com/proceso-de-tratamiento/

Figura 1.29 Vidrio de desecho para reciclar en la industria, vidrio roto reciclado.

Reparación y remanufactura. En la EC, se recomienda la reparación y la remanufactura de productos dañados o usados para extender su vida útil y reducir la necesidad de fabricar nuevos productos.

EJEMPLO 1.10

Recuperación de la industria del automóvil.

Solución:

TRW es uno de los líderes en la industria de la refabricación de automóviles y proporciona al mercado mundial una amplia gama de piezas de calidad de equipo original rigurosamente probadas que se comercializan con la misma garantía que las originales, o incluso más.

Figura 1.30 Configuración del par angular para la culata del motor de la refabricación de automóviles.

Valorización energética de residuos. En la EC, se aprovecha la energía contenida en los residuos no reciclables a través de procesos como la incineración con recuperación de calor, minimizando así la dependencia de fuentes de energía no renovables.

EJEMPLO 1.11

Planta de valorización energética.

Solución:

La planta de valorización energética (PVE), gestionada por TERSA, de Sant Adrià de Besós, es una instalación en la que se realiza un proceso de combustión controlada de la fracción rechazo procedente de las plantas de tratamiento mecánico-biológico (que se considera una fracción ya no reciclable). De esta manera, se reduce de forma considerable el volumen de los residuos y se aprovecha el poder calorífico para generar electricidad.

https://www.tersa.cat/es-es/valoritzacio-residus/valoritzacio-energetica/

Vídeo de la planta integral de valorización de residuos (PIVR) de Sant Adrià.

https://www.youtube.com/watch?v=sTBOfePUfl0

1.6 Comparativa de los modelos en relación con su impacto medioambiental y los objetivos de desarrollo sostenible

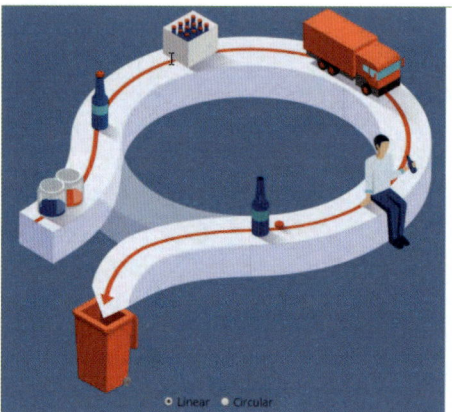 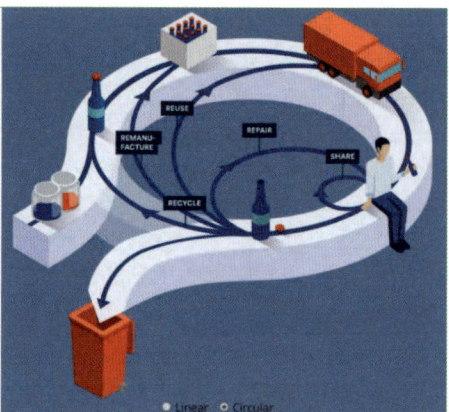

Figura 1.31 Comparación de los modelos de EL y EC.

Cada vez más empresas están desarrollando las teorías y conceptos de la EC, y no solo las organizaciones privadas, sino también los estados e instituciones públicas.

EJEMPLO 1.12

La Asamblea General de las Naciones Unidas.

Solución:

En 2015 se presentó un plan de acción que marcaría el camino a seguir para conseguir erradicar la pobreza y las desigualdades tan extremas en un mundo globalizado.«La Agenda 2030 para el Desarrollo Sostenible» selecciona 17 ODS en los que se tienen en cuenta los ámbitos económicos, sociales y medioambientales.

El cumplimiento de los 17 objetivos propuestos se antoja un reto gigantesco; sin embargo, adoptar medidas para llegar a cumplir estos objetivos es una necesidad.

Figura 1.32 Objetivos de desarrollo sostenible.

La EL se caracteriza por un alto impacto medioambiental debido a la extracción intensiva de recursos naturales, la generación de residuos y la contaminación asociada a los procesos de producción y consumo. Contribuye al agotamiento de recursos, a la degradación del medioambiente y al cambio climático.

Objetivos de desarrollo sostenible. La EL de las empresas entra en conflicto con varios ODS. Por ejemplo:

- El ODS 12 (producción y consumo responsables) se ve desafiado por el consumo excesivo y la generación de residuos.

Figura 1.33 Metas del objetivo 12, al que no contribuye la EL y sí la EC.

- El ODS 13 (acción por el clima) se ve afectado por las emisiones de gases de efecto invernadero y la extracción de combustibles fósiles.

Figura 1.34 Meta del objetivo 13, al que no contribuye la EL y sí la EC.

La EC busca minimizar el impacto medioambiental al reducir la extracción de recursos naturales, promover la reutilización, el reciclaje y la recuperación de materiales, y minimizar la generación de residuos. Busca cerrar los ciclos de los productos y los materiales, maximizando su valor y prolongando su vida útil.

La EC está alineada con varios ODS. El objetivo 12, producción y consumo responsables, se ve favorecido, ya que la EC promueve la eficiencia en el uso de recursos y la reducción de residuos. Además, el objetivo 13, acción por el clima, se beneficia, ya que la EC reduce las emisiones de gases de efecto invernadero y fomenta prácticas sostenibles. Este tipo de economía también contribuye de forma importante a otros objetivos, entre los que se incluyen:

- El objetivo 6. Agua limpia y saneamiento.

- El objetivo 7. Energía asequible y no contaminante, apostando por las energías renovables y la eficiencia energética.

- El objetivo 8. Trabajo decente y crecimiento económico.

- El objetivo 9. Industria, innovación e infraestructura, apoyando la resiliencia, la sostenibilidad y la innovación.

- El objetivo 11. Ciudades y comunidades sostenibles, que perduren en el tiempo.

- El objetivo 14. Vida submarina, evitando que toneladas de desechos acaben en ríos y océanos.

- El objetivo 15. Vida de ecosistemas terrestres, rebajando la presión que se ejerce sobre la superficie del planeta.

- El objetivo 17. Alianzas para lograr los objetivos.

En general, la EC se considera más sostenible y alineada con los ODS que la EL. Al adoptar principios de reutilización, reciclaje y minimización de residuos, la economía circular busca reducir los impactos ambientales negativos, conservar los recursos naturales y promover la sostenibilidad a largo plazo. Los ODS proporcionaron una hoja de ruta para abordar los desafíos ambientales y sociales, y la transición hacia la EC puede contribuir significativamente a la consecución de estos objetivos.

Figura 1.35 Metas de los objetivos de desarrollo sostenible que contribuyen con una EC.

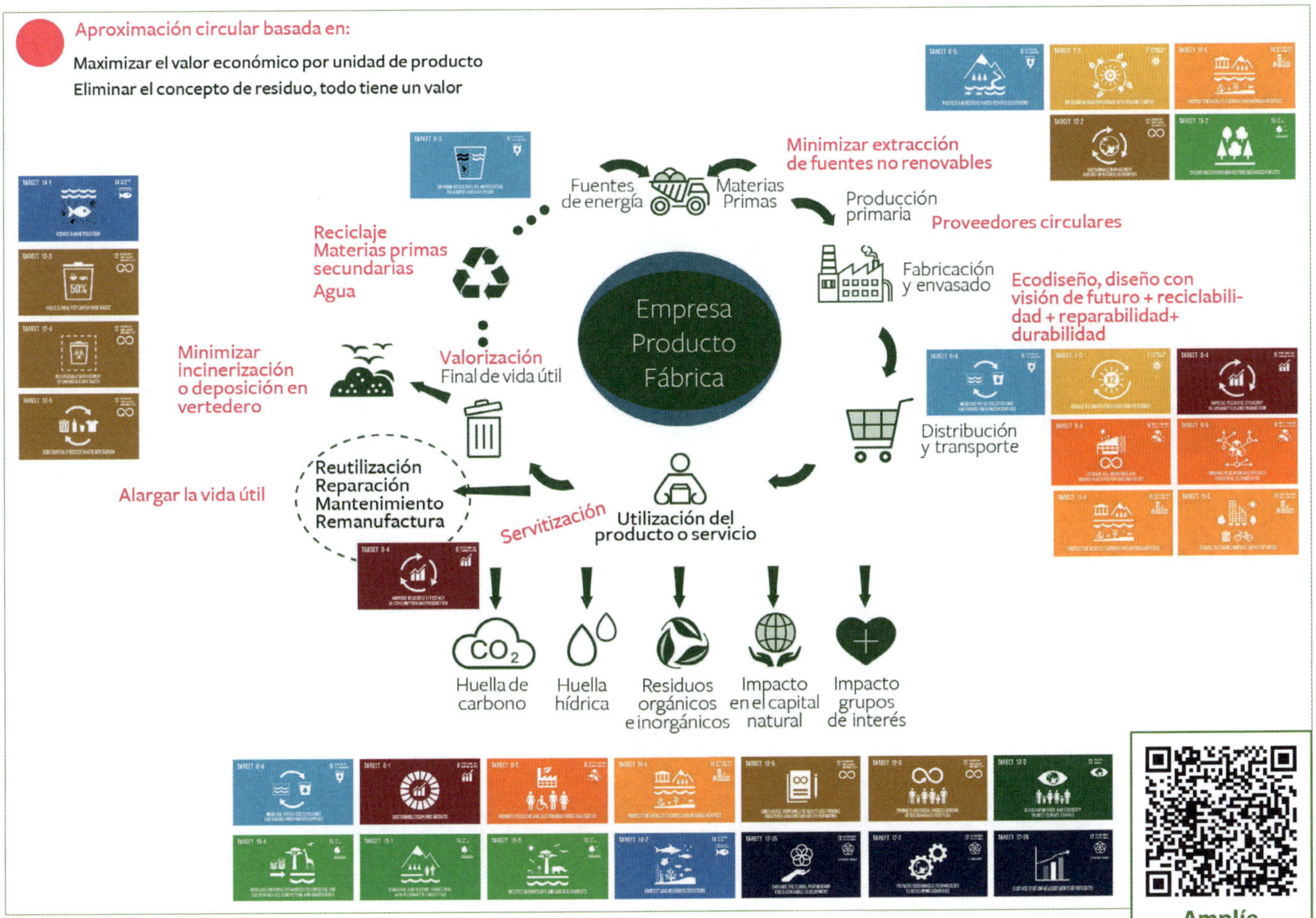

● Aproximación circular basada en:

Maximizar el valor económico por unidad de producto
Eliminar el concepto de residuo, todo tiene un valor

Minimizar extracción de fuentes no renovables

Producción primaria

Proveedores circulares

Minimizar incinerización o deposición en vertedero

Reciclaje Materias primas secundarias Agua

Valorización Final de vida útil

Reutilización Reparación Mantenimiento Remanufactura

Alargar la vida útil

Servitización

Utilización del producto o servicio

Fuentes de energía · Materias Primas

Empresa Producto Fábrica

Fabricación y envasado

Ecodiseño, diseño con visión de futuro + reciclabilidad + reparabilidad + durabilidad

Distribución y transporte

Huella de carbono · Huella hídrica · Residuos orgánicos e inorgánicos · Impacto en el capital natural · Impacto grupos de interés

Figura 1.36 Integración de las metas de los ODS en la EC.

Amplíe las figuras aquí

La lucha contra el cambio climático y la apuesta por construir un modelo de consumo sostenible se ha convertido en los últimos años en parte fundamental de la estrategia empresarial de muchas empresas. Por ello, es cada vez más habitual oír hablar de la EC o de los ODS.

EJEMPLO 1.13

Integración de los ODS en la estrategia empresarial y de gobernanza de una empresa.

Solución:

Iberdrola ha incorporado en su estrategia empresarial y en su sistema de gobernanza y sostenibilidad los ODS; se articulan en tres grandes ejes:

- Impulsa la economía y el empleo verde a través de los ODS 7, 9, 13 y 15.
- Protege la salud y la seguridad de las personas a través de los ODS 3, 6 y 17.
- Fomenta el cumplimiento de los ODS.

https://www.iberdrola.com/sostenibilidad/comprometidos-objetivos-desarrollo-sostenible

https://youtu.be/TL98pAKdoTs

Reto profesional

Acceda a www.marcombo.info con el código **MARCOMBO20** y descargue gratis el reto profesional 1 sobre empresas circulares.

Mapa conceptual

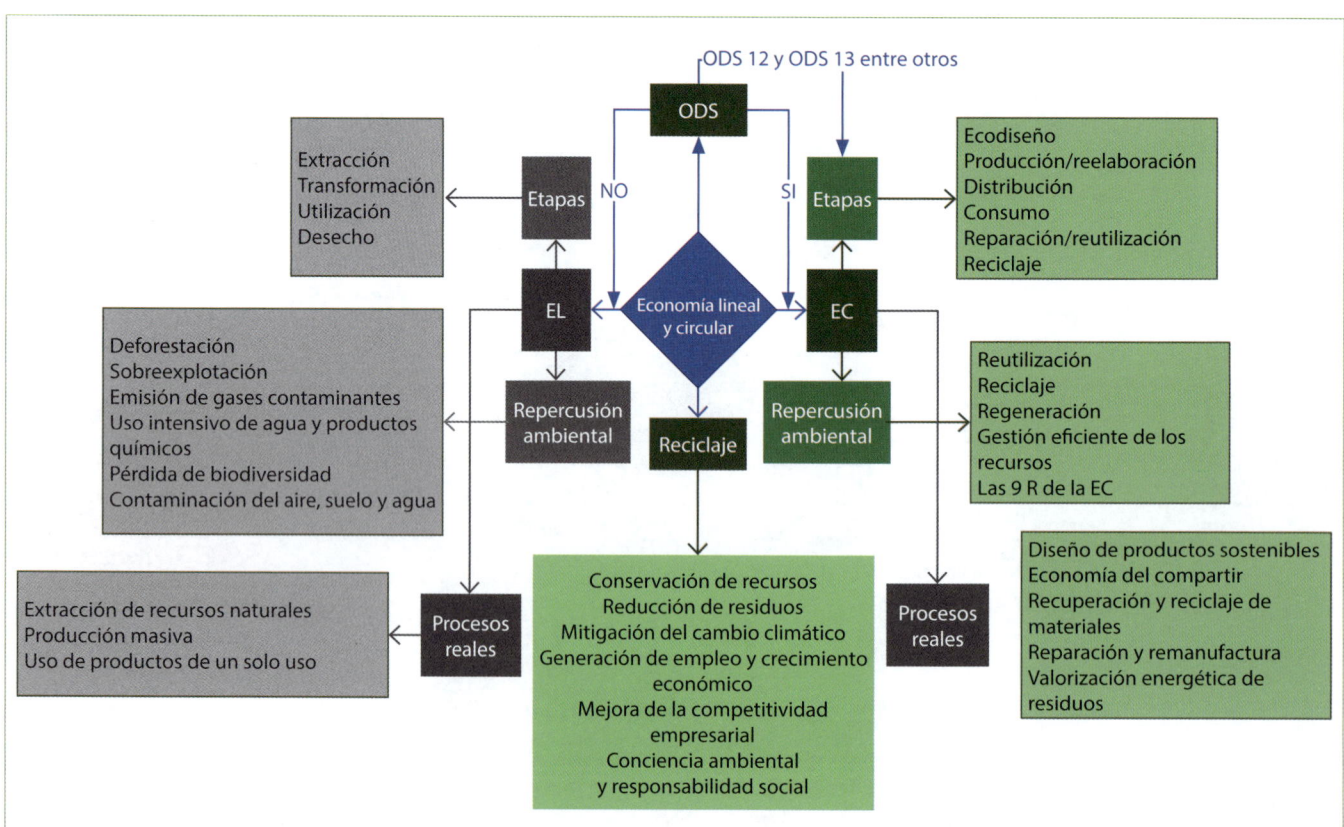

Figura 1.37 Mapa conceptual de la EL y de la EC.

TEST DE EVALUACIÓN

1. ¿Qué significa la economía circular? (Seleccione la opción más adecuada).

a) Una economía donde los productos/servicios son tratados en ciclos cerrados.

b) Una economía donde los productos/servicios son tratados en ciclos abiertos.

c) Una economía donde los productos/servicios son tratados en ciclos semiabiertos.

d) Una economía donde los productos/servicios son tratados en ciclos semicerrados.

2. ¿Cuáles son los principios de la economía circular? (Seleccione todas las que crea pertinentes).

a) Eliminar los residuos.

b) Diseñar pensando en la biodegradabilidad.

c) Incrementar la vida de los productos.

d) Regenerar el sistema natural.

3. ¿Cuáles son las perspectivas de la economía circular? (Seleccione todas las que crea pertinentes).

a) Beneficios económicos.

b) Impacto medioambiental.

c) Es una elección de los consumidores.

d) Escasez de recursos.

4. ¿Qué modelo de economía podría ser más eficiente para facilitar un desarrollo sostenible?

a) Economía política.

b) Economía circular.

c) Economía lineal.

d) Todas las anteriores.

5. ¿Qué es la obsolescencia programada?

a) El consumo está asociado al desarrollo y al progreso social. Los bienes son producidos para una vida útil ilimitada.

b) El consumo está asociado al desarrollo y al progreso social. Los bienes son producidos para una vida útil limitada.

c) El consumo no está asociado al desarrollo y al progreso social. Los bienes son producidos para una vida útil limitada.

d) Todas las anteriores.

6. ¿Cuáles son los principios básicos de la economía circular? (Seleccione la opción más adecuada).

a) Preservar y mejorar el capital natural.

b) Optimizar el uso de los recursos.

c) Fomentar la eficacia del sistema.

d) Todas las anteriores.

7. El reciclaje ayuda a cambiar la mentalidad de «usar y desechar» hacia una mentalidad de conservación de recursos y gestión responsable de los residuos, es importante en los modelos económicos, y fomenta la… (Seleccione la opción más adecuada)

a) Mitigación del cambio climático.

b) Reducción de residuos.

c) Conservación de recursos.

d) Conciencia ambiental y responsabilidad social.

8. ¿Para qué se diseñaban los bienes producidos de forma que la rueda producción-consumo-producción tenía asegurada su permanente actualización?

a) Para una vida útil limitada.

b) Para una vida ilimitada.

c) Para llamar la atención sobre el desarrollo sostenible.

d) Para producir constantemente recursos.

9. En las etapas típicas de la EC, la consideración de la variable ambiental como un criterio más a tener en cuenta en las decisiones del proceso de diseño industrial se llama…

a) Eco producción industrial.

b) Ecodiseño.

c) Neodiseño inteligente.

d) Residiseño.

10. ¿Cuántos objetivos ha establecido las Naciones Unidas en la Agenda 2030 para el desarrollo sostenible?

a) 30.

b) 17.

c) 12.

d) 15.

Para realizar las actividades de la 1 a la 6, acceda a www.marcombo.info y descargue gratis el contenido adicional, complemento imprescindible de este libro.

Código: **MARCOMBO20**

ACTIVIDAD 1

De la ficha: Sector agroalimentario, del informe de la medición de la economía circular, del grupo de acción en economía circular y forética. Realice una búsqueda de información sobre:

a) Retos vinculados al sector.

b) Consecución de ODS y sus metas.

c) Medidas de circularidad y las acciones a aplicar en el sector.

d) Riesgos que se incurren de la inacción hacia una EC en el sector.

e) Oportunidades al aplicar la EC en el sector.

ACTIVIDAD 2

De la ficha: Sector gestión de residuos, del informe de la medición de la economía circular, del grupo de acción en economía circular y forética. Realice una búsqueda de información sobre:

a) Retos vinculados al sector.

b) Consecución de ODS y sus metas.

c) Medidas de circularidad y las acciones a aplicar en el sector.

d) Riesgos que se incurren de la inacción hacia una EC en el sector.

e) Oportunidades al aplicar la EC en el sector.

ACTIVIDAD 3

De la ficha: Sector energía, del informe de la medición de la economía circular, del grupo de acción en economía circular y forética. Realice una búsqueda de información sobre:

a) Retos vinculados al sector.

b) Consecución de ODS y sus metas.

c) Medidas de circularidad y las acciones a aplicar en el sector.

d) Riesgos que se incurren de la inacción hacia una EC en el sector.

e) Oportunidades al aplicar la EC en el sector.

ACTIVIDAD 4

De la ficha: Sector construcción, del informe de la medición de la economía circular, del grupo de acción en economía circular y forética. Realice una búsqueda de información sobre:

a) Retos vinculados al sector.

b) Consecución de ODS y sus metas.

c) Medidas de circularidad y las acciones a aplicar en el sector.

d) Riesgos que se incurren de la inacción hacia una EC en el sector.

e) Oportunidades al aplicar la EC en el sector.

ACTIVIDAD 5

De la ficha: Sector servicios profesionales (financiero y consultoría), del informe de la medición de la economía circular, del grupo de acción en economía circular y forética. Realiza una búsqueda de información sobre:

a) Retos vinculados al sector.

b) Consecución de ODS y sus metas.

c) Medidas de circularidad y las acciones a aplicar en el sector.

d) Riesgos que se incurren de la inacción hacia una EC en el sector.

e) Oportunidades al aplicar la EC en el sector.

ACTIVIDAD 6

De la ficha: Sector distribución, del informe de la medición de la economía circular, del grupo de acción en economía circular y forética. Realice una búsqueda de información sobre:

a) Retos vinculados al sector.

b) Consecución de ODS y sus metas.

c) Medidas de circularidad y las acciones a aplicar en el sector.

d) Riesgos que se incurren de la inacción hacia una EC en el sector.

e) Oportunidades al aplicar la EC en el sector.

ACTIVIDAD 7

Lea el artículo del número especial de reciclaje de la revista Retema, que cuenta los resultados obtenidos en el proyecto europeo CIRC-PACK y responda a las siguientes preguntas:

https://www.fcirce.es/wp-content/uploads/2020/06/Art%C3%ADculo-CIRC-PACK.pdf

a) ¿Cuál es la problemática de los plásticos en la UE?

b) ¿Cuál es el objetivo final de CIRC-PACK?

c) ¿Cuáles son los diferentes actores que se involucran a lo largo de toda la cadena de valor?

d) ¿Para qué se han usado los materiales biopolímeros biodegradables y compostables procedentes de fuentes renovables, es decir biobasados, desarrollados por la compañía italiana Novamont?

e) ¿Qué ha generado el trabajo llevado a cabo por el centro tecnológico español AITIIP?

f) ¿Qué realiza la herramienta *online* creada por el centro tecnológico español CIRCE?

U 2

Cuarta Revolución Industrial

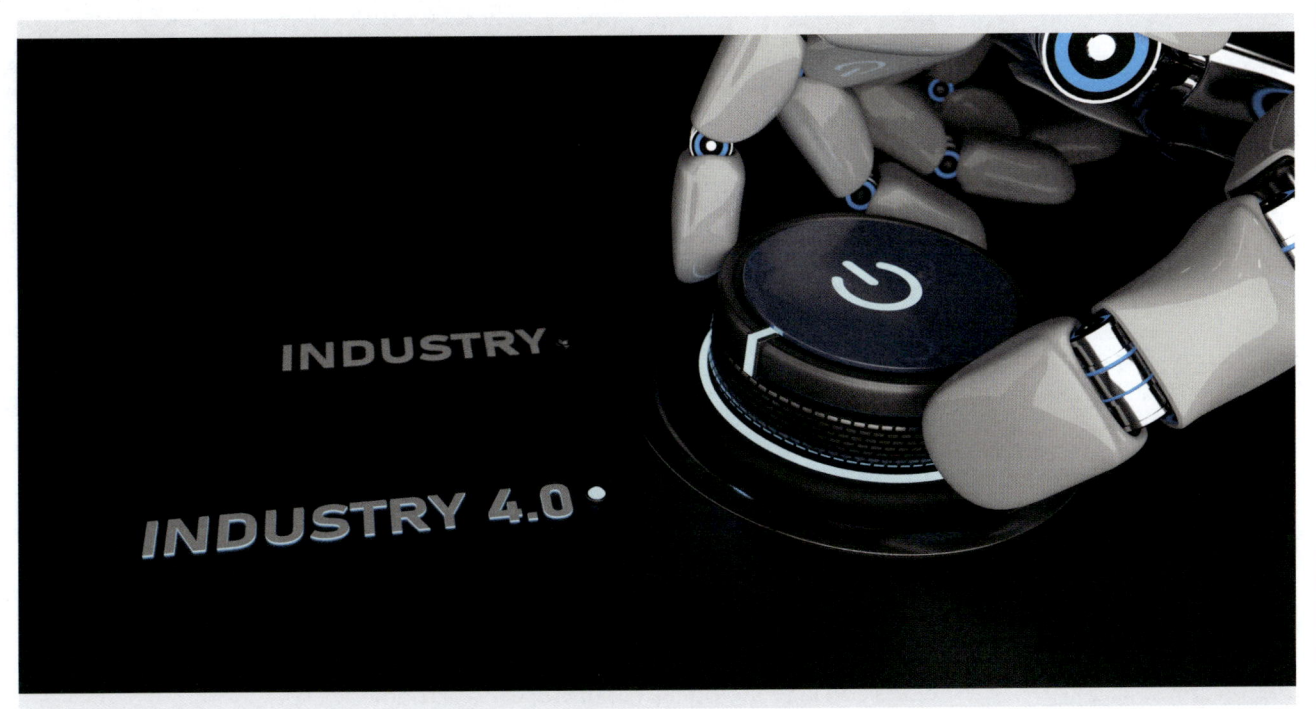

En esta unidad va a estudiar:

- Sistemas ciberfísicos. Relación con la evolución industrial.

- Sistemas automatizados. Cambios provocados por la cuarta revolución. Elementos característicos.

- Interrelación entre el mundo virtual y el mundo físico.

- Cambios producidos en los entornos 4.0. Ventajas producidas.

Con su estudio, va a ser capaz de:

- Relacionar los sistemas ciberfísicos con la evolución industrial.

- Analizar el cambio producido en los sistemas automatizados.

- Describir la combinación de la parte física de las industrias con el *software*, IoT (Internet de las cosas), comunicaciones, entre otros.

- Describir la interrelación entre el mundo físico y el virtual.

- Relacionar la migración a entornos 4.0 con la mejora de los resultados de las empresas.

- Identificar las ventajas para clientes y empresas.

2.1 Sistemas ciberfísicos. Relación con la evolución industrial

Aunque la **Industria 4.0** tiene como base múltiples tecnologías (Big Data, *cloud computing*, fabricación aditiva, impresión 3D, robótica colaborativa, etc.), algunas ya consolidadas y otras en proceso de desarrollo, el principal motor o causa de la Industria 4.0 es el uso y el despliegue de sistemas ciberfísicos (CPS), y el llamado *Internet of things* o *industrial Internet of things* (IoT, IIoT).

Figura 2.1 Los CPS posibilitan el cambio de paradigma.

Los **sistemas ciberfísicos** representan la culminación de la evolución industrial al combinar la tecnología digital con el mundo físico, logrando una **mayor automatización, eficiencia y flexibilidad en los procesos de producción** y otros campos como la salud, el transporte y la infraestructura. Estos sistemas están impulsando cambios significativos en la forma en que la gente trabaja, vive y se relaciona con la tecnología y el entorno que la rodea.

2.1.1 Sistemas ciberfísicos

Un **sistema ciberfísico** (*cyber physical system* o CPS) es un sistema que integra dispositivos con capacidades de **informática, almacenamiento y comunicación**, junto con capacidades de **seguimiento y/o control de objetos en el mundo físico**. Estos sistemas están normalmente conectados entre sí, y a su vez conectados con el mundo virtual de las redes digitales globales.

Otra definición de los CPS es considerarlos como **sistemas integrados** que combinan **componentes cibernéticos** (basados en ordenador, redes y *software*) con **componentes físicos** (mecánicos, eléctricos, biológicos o químicos) **para colaborar y comunicarse** entre sí y con el entorno en el que operan. Estos sistemas están diseñados para interactuar de manera estrecha y continua con el mundo físico y digital, permitiendo la coordinación y la toma de decisiones autónomas y en tiempo real.

También se considera a los sistemas CPS como «la próxima generación de sistemas TIC integrados inteligentes interconectados, interdependientes, colaborativos y autónomos que proporcionan **informática y comunicación**, así como monitorización y/o **control** de componentes/procesos físicos en diferentes dominios de aplicación, incluidos los de seguridad crítica»

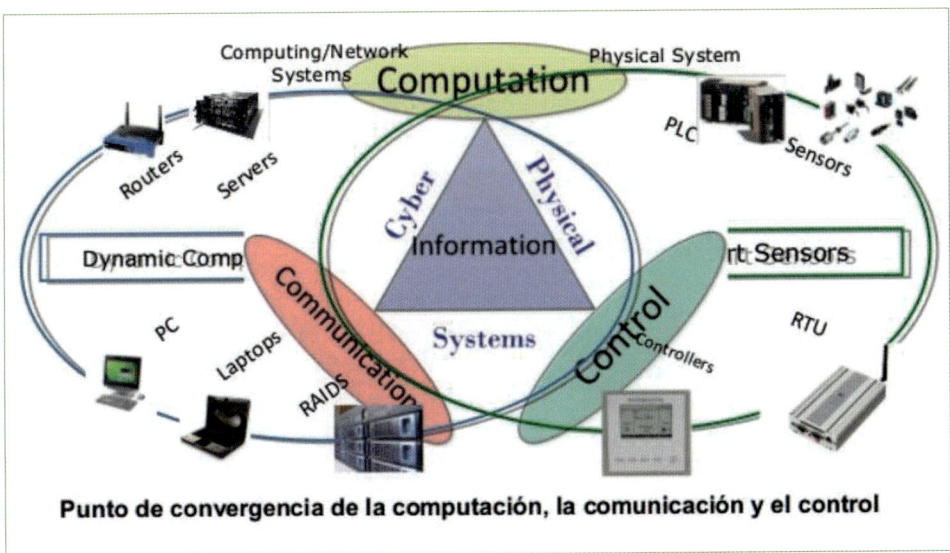

Figura 2.2 Componentes del concepto CPS.

Las características esenciales de los CPS son:

- Su **capacidad de relacionarse con los objetos físicos** para monitorizar y/o controlar.

- La **utilización de la información disponible en el mundo virtual**, pudiendo tener en algunos casos **capacidad de aprender y evolucionar**.

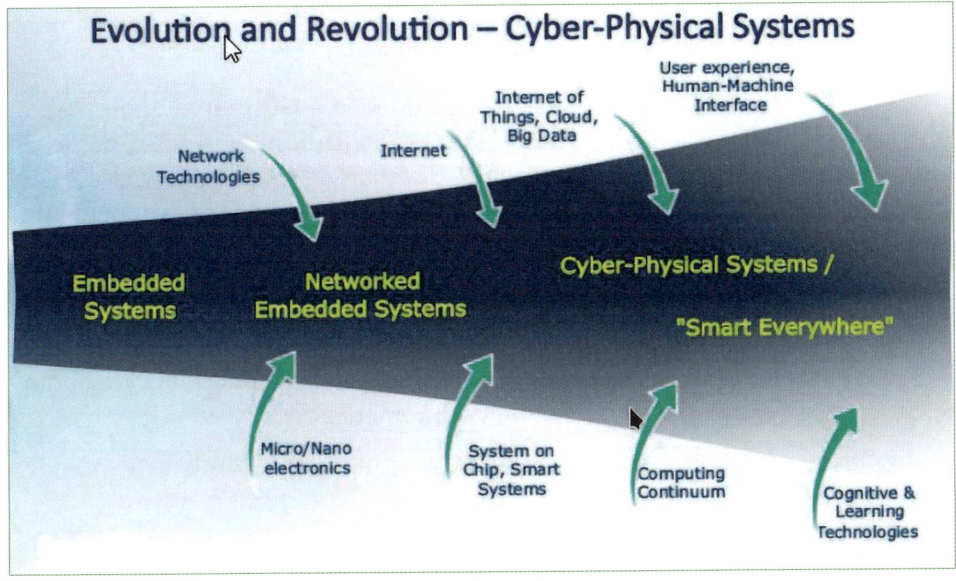

Figura 2.3 Evolución hacia los CPS (Comisión Europea ICT1-Cyber-Physical Systems in H2020).

Hasta hace unos años era muy habitual en los procesos de fabricación que las máquinas estuviesen aisladas entre sí. Generaban datos e información, pero no existía una interacción entre máquinas o procesos. También existían sistemas embebidos tradicionales.

Lo que ocurre ahora es que cada vez se dispone de más dispositivos (*micro/nano electronics*) conectados a diferentes tipos de redes (*network technologies*) que integran todos o gran parte de los módulos que componen un ordenador o cualquier otro sistema informático o electrónico en un único circuito integrado o chip, que son capaces de captar información y enviarla mediante sistemas inteligentes (*system on chip, smart systems*) a otras máquinas y servidores (*computing continuum*), y en base a esa información pueden interactuar con otras máquinas o aparatos (*cyber-physical systems*).

Un sistema ciberfísico puede estar formado por sensores con conectividad, por dispositivos vinculados a Internet de las cosas (*Internet of things* o IoT), que son

GLOSARIO

Un sistema embebido o integrado (*embedded system*) es un *software* diseñado para realizar una o algunas funciones dedicadas. El *software* está aislado y no se puede modificar para que ejecute otro tipo de programas que no sean los que están embebidos.

capaces de generar datos (Big Data) y enviarlos a la nube (*cloud*), o por robots que pueden realizar diferentes tareas.

Las claves del auge de los sistemas CPS en la Industria 4.0 se centran en el incremento de la capacidad de procesamiento de los dispositivos, su reducción de tamaño, la mejora de la conectividad, la interoperatividad entre diferentes sistemas operativos, el cada vez mayor uso de sistemas de almacenamiento de información y la aplicación de sistemas de inteligencia artificial.

Figura 2.4 Ilustración sobre el concepto CPS.

Tradicionalmente, la ingeniería y desarrollo de un sistema y su utilización han ido desacoplados. Pero a la hora de mejorar el comportamiento de un sistema es importante tener en cuenta la experiencia de uso, para mejorar la comunicación hombre-máquina (*user experience, human-machine interface*). Se trata de que esta experiencia de uso se puede captar y analizar, y a partir de este análisis se puede mejorar el modo de operación. Si esta experiencia de uso es compartida por el conjunto de sistemas, las posibilidades de aprendizaje serán aún mayores (*cognitive & learning technologies*).

El mayor reto que plantean los CPS es demostrar su **fiabilidad, seguridad y robustez** en todas sus posibles situaciones, sobre todo en entornos críticos y en los que la respuesta debe ser en tiempo real.

Los CPS se pueden aplicar en múltiples sectores, como la fabricación, la gestión de la red eléctrica, dispositivos de salud y hospitales, sistemas de transporte, vehículos autónomos, ciudades inteligentes, etc. Permiten, por ejemplo, el desarrollo de una nueva generación de soluciones de:

- Control de una máquina herramienta o un aerogenerador para optimizar su rendimiento.

- Monitorizado del estado de la máquina o, en general, de un sistema y la optimización de su estrategia de operación y mantenimiento.

- Robots que colaboran, tienen en cuenta información del contexto y aprenden unos de otros.

- Vehículos que se comunican con otros y con la infraestructura viaria para determinar la velocidad o la ruta adecuadas.

ACTIVIDAD PROPUESTA 2.1

Escuche el curso en línea gratis (Massive Open Online Course o MOOC) de la UPM (Industria 4.0: 2.3 Sistemas ciberfísicos: https://youtu.be/vx-BY3Ed04w) dirigido al gran público a través de Internet. Identifique en qué se pueden utilizar los sistemas ciberfísicos y visione la demostración de un PLC (ordenadores digitales destinados al control de procesos electromecánicos) con OPC (OLE for process control), que es un estándar de comunicación en el campo del control y supervisión de procesos industriales, que permite la integración segura de una amplia gama de instrumentos, equipos y *software* a través de toda la empresa industrial.

Visione también el vídeo del Podcast Industria 4.0 «Qué son los Sistemas Ciber-Físicos en la Industria 4.0» https://www.youtube.com/watch?v=Fb3okO9Aemo e identifique su definición.

2.1.2 Relación con la evolución industrial

La evolución de la industria se puede dividir inicialmente en cuatro etapas históricas bien definidas:

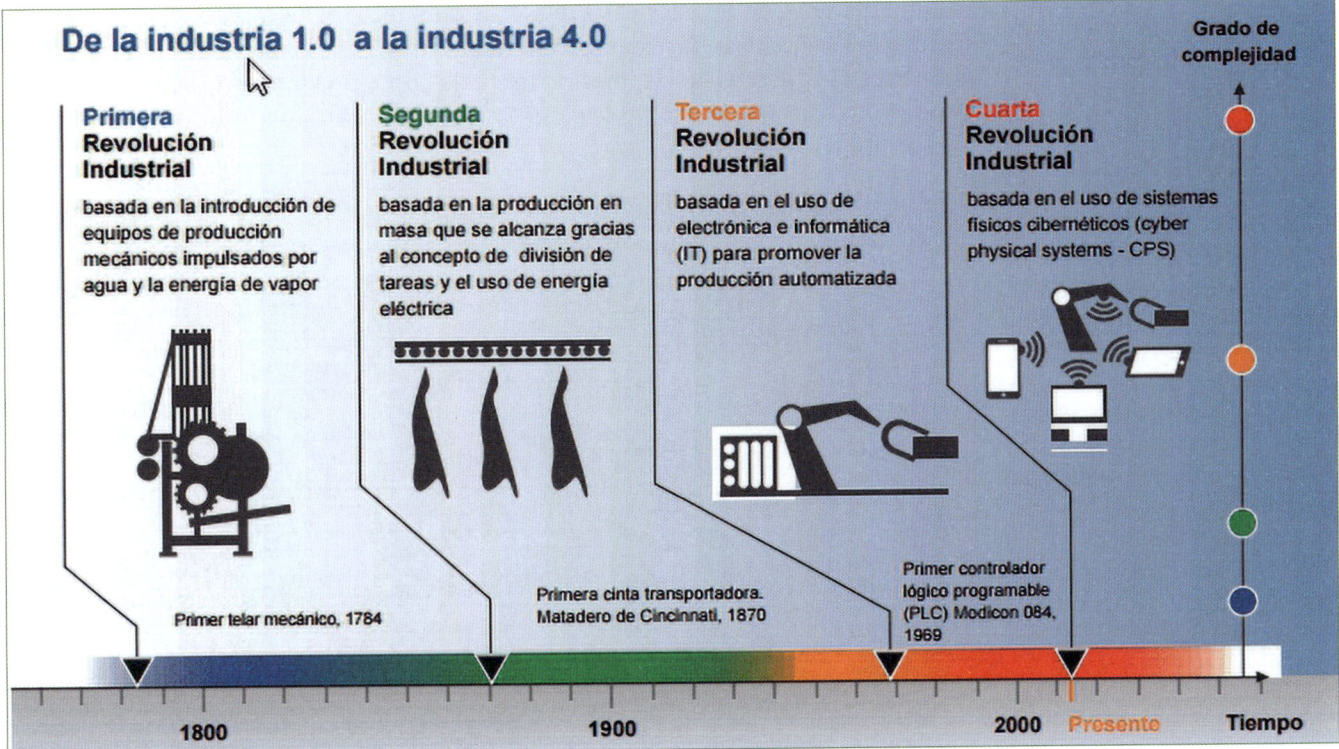

Figura 2.5 De la industria 1.0 a la industria 4.0.

Primera Revolución Industrial o Industria 1.0 (energía del vapor)

A finales del siglo XVIII y principios del XIX, en la Primera Revolución Industrial, la fabricación evolucionó de centrarse en el trabajo manual realizado por personas y ayudado por animales de trabajo a la mecanización, que se llevó a cabo gracias al uso de **motores de agua y vapor** y otros tipos de máquinas y herramientas que permitían crear objetos con mayor rapidez que la mano de obra humana aplicada a diversas industrias.

La industria textil es considerada la que inició la Revolución Industrial. La industria metalúrgica tuvo un gran avance con el uso de combustibles fósiles, mejorando la calidad de los productos, mayor productividad y creación de nuevos productos a gran escala. Aquí, los sistemas ciberfísicos aún no estaban presentes, pero las innovaciones mecánicas (**la mecanización de la producción**) sentaron las bases para futuras transformaciones.

Figura 2.6 La Primera Revolución industrial permitió pasar a la producción mecanizada, gracias a novedades como el motor a vapor.

Figura 2.8 La Tercera Revolución Industrial.

Segunda Revolución Industrial o Industria 2.0 (electricidad)

A finales del siglo xix y principios del xx, en la Segunda Revolución Industrial, se introdujo la utilización general del petróleo y la electricidad como fuentes de energía, lo cual permitió a los fabricantes aumentar **la eficiencia** y ayudó a que la maquinaria de las fábricas fuera más dinámica; es el momento en el que se desarrollan las **cadenas de montaje** y se introduce el concepto de **producción en masa industrial** con la línea de montaje como una forma de aumentar la productividad y reducir los costes, por lo que la producción industrial da un salto cuantitativo espectacula.

Figura 2.7 La Segunda Revolución Industrial permitió las primeras líneas de montaje en movimiento (Moving Assembly Line 1913: Ford's first moving assembly lines at Highland Park").

Tercera Revolución Industrial o Industria 3.0 (sistemas informáticos)

A partir de la segunda mitad del siglo xx, la Tercera Revolución Industrial estuvo marcada por la aparición de la electrónica, las tecnologías de la información y **la automatización industrial**. Fue entonces cuando los sistemas de producción comenzaron a utilizar ordenadores y robots.

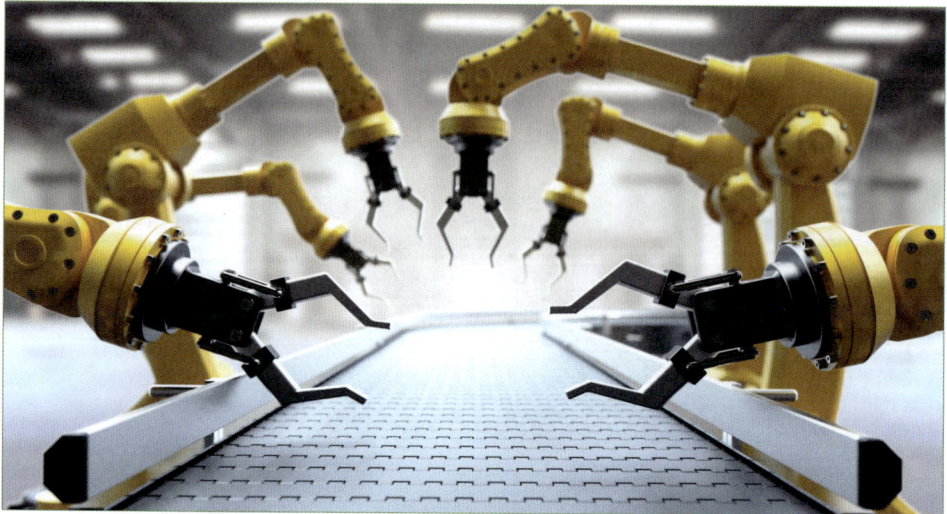

Gracias al empleo de ordenadores que controlaban amplios elementos de la producción industrial, estos procesos se volvieron todavía más eficientes, tanto en lo referido a la velocidad de producción como a la hora de evitar posibles fallos productivos.

Cuarta Revolución Industrial o Industria 4.0 (IIoT y Big Data)

A partir de las últimas décadas del siglo xx y principios del xxi, se produjo una convergencia entre los mundos físico, digital y biológico. En la Industria 4.0. los procesos productivos están caracterizados por el uso de IIoT y el procesamiento de grandes cantidades de datos (Big Data) de manera continua y en tiempo real, lo que permite que las líneas de producción sean capaces de funcionar de manera ininterrumpida y con una supervisión humana casi inexistente, **gracias a los sistemas de producción ciberfísicos** más avanzados. Estos sistemas están conectados en red, recopilan y analizan datos en tiempo real, y utilizan la inteligencia artificial para tomar decisiones y adaptarse a diferentes situaciones.

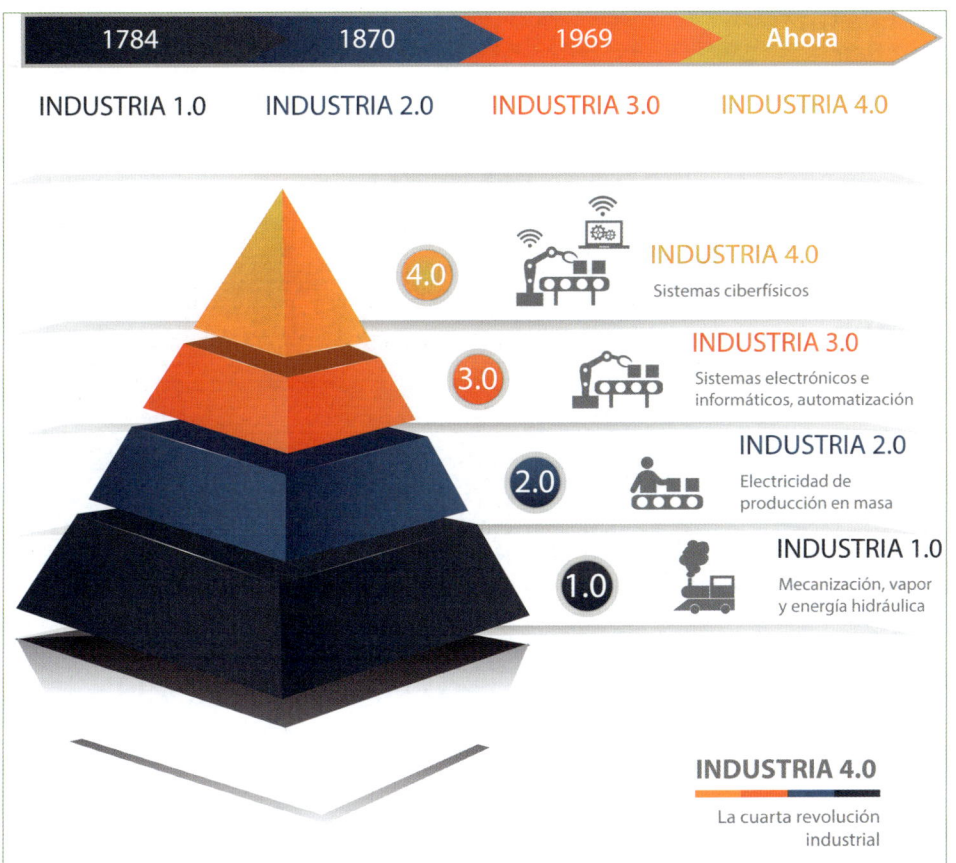

Figura 2.9 Esquema de la Cuarta Revolución Industrial.

—— ACTIVIDAD PROPUESTA 2.2 ——

Visione el vídeo realizado por Asidek, an Arkance Systems company. INDUSTRIA 4.0.

https://youtu.be/-CS7S1nnZMk

¿Cuáles son los fundamentos de la Industria 4.0? ¿Cuáles son los puntos clave en los que se apoya la Industria 4.0?

La Industria 4.0 es la industria que incorpora las nuevas tecnologías (*cloud*, sistemas ciberfísicos, sensórica, entre muchas otras) a la industria.

—— CURIOSIDADES ——

El 4.0 aporta un contexto histórico, y posiciona esta nueva etapa como la cuarta transformación en la producción. La Primera Revolución Industrial fue representada por la mecanización a través del agua y el vapor, la segunda vio el concepto de producción en masa a través de la energía eléctrica y la tercera resultó en el surgimiento del ordenador y la automatización. Ahora tenemos la cuarta ruptura en la fabricación: la creación de fábricas verdaderamente inteligentes con sistemas ciberfísicos y comunicación a través del Internet de las cosas.

https://youtu.be/RPC7yo99Nxs

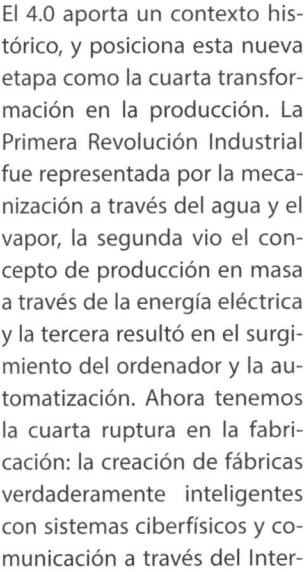

—— PARA SABER MÁS ——

Industria Conectada 4.0.

https://youtu.be/eUDEJpBqZhA?list=PLapjNZJIttkvS2G7j8elgmud3gXhsdM9z

—— CURIOSIDADES ——

«Una de las características de la Cuarta Revolución Industrial es que no cambiará lo que hacemos, sino lo que somos» (Klaus Schwab, Fundador del Foro Económico Mundial).

Quinta Revolución Industrial o Industria 5.0 (tecnologías avanzadas para empoderar a los humanos)

El término «Industria 5.0» fue acuñado a principios de 2021 por la Comisión Europea, con el objetivo de reenfocar el desarrollo del sector hacia un modelo de producción que utilice la tecnología para ser más competitivo, pero también para generar un impacto positivo en la sociedad. En este sentido, la Industria 5.0 no viene para sustituir a la Industria 4.0, sino que aparece para complementar el progreso aportado por las diferentes tecnologías y potenciar la relación positiva entre los hombres y las máquinas.

Figura 2.10 Cronología de la Industria 5.0.

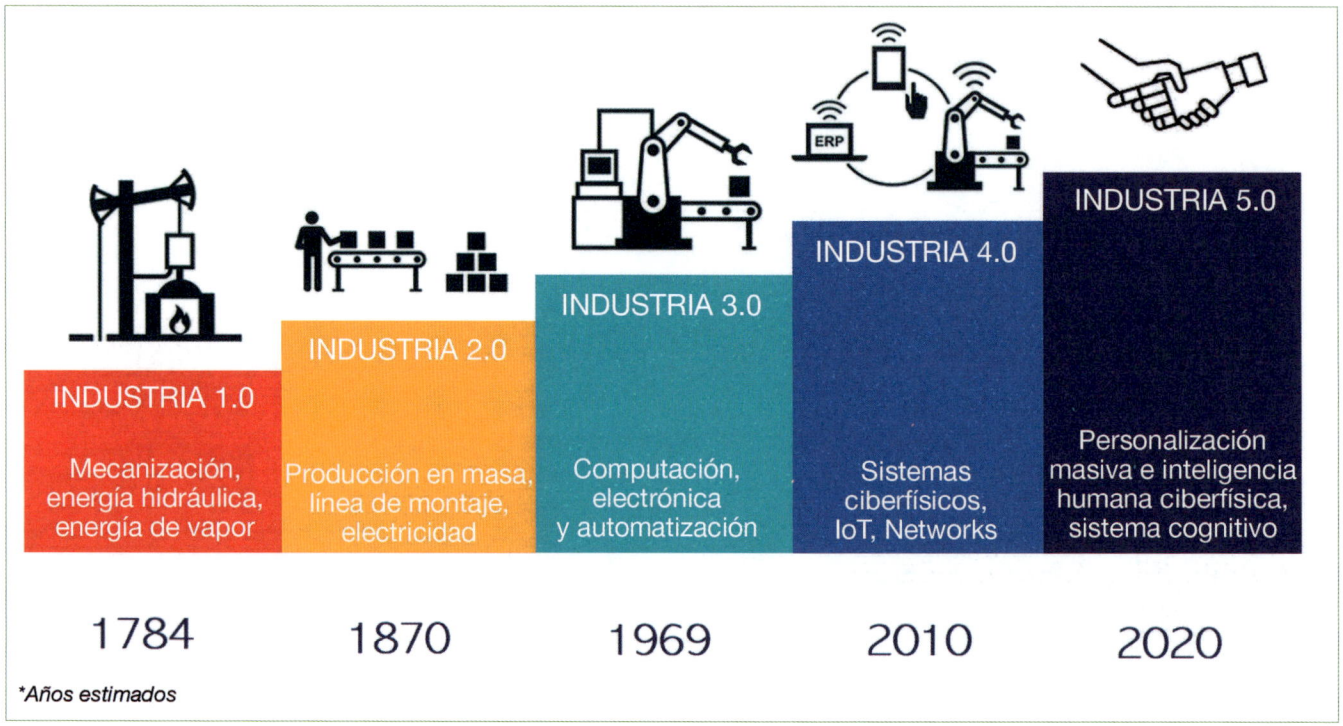

Así, la **sostenibilidad**, el **protagonismo de las personas** y la **resiliencia** se convierten en los tres principales ejes de la nueva industria:

Figura 2.11 Los tres principales ejes de la Industria 5.0.

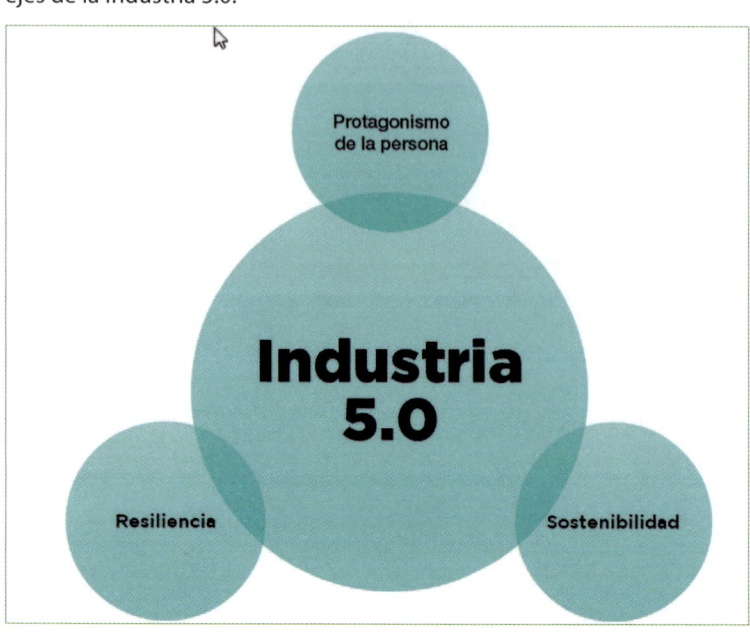

- *Sostenibilidad*, entendida como los esfuerzos para reducir la huella de carbono, y fomentar la circularidad y la incorporación de sistemas de producción basados en energías renovables.

- *Protagonismo de la persona*, para tratar los derechos humanos y fundamentales como una prioridad, por ejemplo, con el Reglamento General de Protección de Datos, y para que los trabajadores se beneficien de la transición digital y de las ventajas de la tecnología.

- *Resiliencia*, considerada como la capacidad de adaptarse a las situaciones económicas y comunitarias difíciles, y de tomar medidas para una recuperación basada en las prioridades ecológicas, digitales y sociales.

En la Industria 5.0, los CPS se utilizarían para apoyar y ampliar las habilidades humanas, permitiendo a los trabajadores desempeñar roles más creativos, estratégicos y de toma de decisiones. Los CPS serían capaces de trabajar junto a los seres humanos en entornos de producción colaborativos, adaptándose a las necesidades y habilidades humanas, y compartiendo información y conocimiento en tiempo real.

ACTIVIDAD PROPUESTA 2.3

Visione el vídeo realizado por VA ControlGroup «Industria 5.0, Rumbo a la Sociedad 5.0».

https://youtu.be/ix_AvbhYZfU

¿Cuál es el siguiente paso después de la Industria 4.0? ¿Qué es la sociedad 5.0? ¿Qué se persigue con el control en tiempo real?

2.2 Sistemas automatizados. Cambios provocados por la cuarta revolución. Elementos característicos

Los sistemas automatizados utilizan tecnologías como sensores, actuadores, controladores y *software* para realizar acciones y tomar decisiones basadas en reglas predefinidas, algoritmos o datos en tiempo real.

2.2.1 La automatización de los procesos productivos

La automatización de los procesos industriales se lleva a cabo en tres fases fundamentales. Sin embargo, es importante entender que, aunque estas fases se desarrollan de forma temporal en lo que a la toma de decisiones se refiere, toda la línea de producción está en marcha al mismo tiempo.

Fases de la automatización:

- **Captación de información.** Se encarga de recopilar datos e información necesaria del estado de cada una de las partes y elementos que influyen en el proceso productivo. Se lleva a cabo gracias a diversos tipos de sensores, entre los que cabe destacar el uso de la visión artificial como uno de los principales, dado su alto potencial y polivalencia a la hora de obtener información veraz y útil para el ordenador que controla la producción.

- **Procesado.** Una vez que se han obtenido los datos necesarios gracias al uso de los sensores correspondientes, toda esta información es transmitida al ordenador central que controla el proceso. Entonces, el ordenador se encarga de analizarlos para comprender qué es lo que sucede en la línea de producción.

GLOSARIO

Los sistemas automatizados son sistemas en los que se implementa la automatización para realizar tareas y procesos sin intervención humana directa.

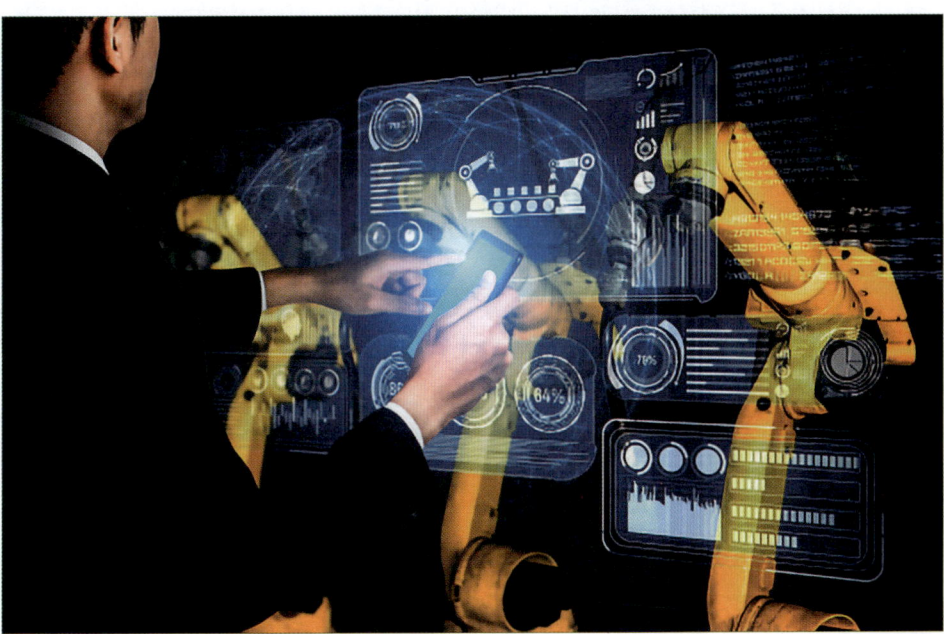

Figura 2.12 Industria 4.0. Automatización de los procesos productivos capaces de tomar las decisiones.

- **Decisión.** La última de las etapas de la automatización es la toma de decisiones. Una vez que se han analizado los datos obtenidos, el ordenador encargado del funcionamiento de las líneas de producción toma la decisión más adecuada acorde a la información de la que dispone, lo que constituye la respuesta del ordenador.

2.2.2 Cambios provocados por la Industria 4.0

La Industria 4.0 ha provocado cambios significativos en los sistemas automatizados. Algunos de estos cambios son los siguientes:

- **Sensorización avanzada a nivel de fábrica.** La Industria 4.0 ha promovido la incorporación de sensores sofisticados en el entorno de fabricación. Estos sensores pueden medir parámetros como temperatura, humedad, presión, vibración, entre otros, en tiempo real. La información recopilada por los sensores es utilizada por los sistemas automatizados para adaptar y optimizar los procesos de producción.

- **Fabricación multietapa y flexible.** La automatización avanzada ha permitido una mayor flexibilidad en la fabricación. Los sistemas automatizados pueden reconfigurarse para adaptarse a diferentes productos o variaciones en la demanda sin la necesidad de una reconfiguración física extensa. Esto permite una producción más ágil y personalizada, lo que es especialmente relevante en entornos de producción de lotes pequeños o piezas personalizadas.

- ***Smart manufacturing* o fabricación inteligente (CPS).** La convergencia de los sistemas ciberfísicos (CPS) con la automatización avanzada ha dado lugar a la *smart manufacturing* o fabricación inteligente. Estos sistemas utilizan la conectividad y la inteligencia artificial para integrar y coordinar todos los aspectos de la producción en tiempo real, desde la planificación hasta la entrega. Los sistemas CPS permiten que la fábrica sea más autónoma y autogestionada, con capacidades de autodiagnóstico y toma de decisiones autónomas basadas en datos en tiempo real.

Por otro lado, está la **robótica avanzada y colaborativa**, que podría definirse como un caso particular de automatización. En este caso, se trata de robots dotados de elementos de sensorización que pueden ser integrados en entornos de fabricación ágil, y que trabajan mano a mano con operarios, donde la seguridad del trabajador o trabajadora es un aspecto central para tener en cuenta.

─PARA SABER MÁS─

La fábrica inteligente.

https://youtu.be/wVD39X-T7Q-E?list=PLapjNZJIttkvS2G7j8elgmud3gXhsdM9z

Figura 2.13 *Smart manufacturing.*

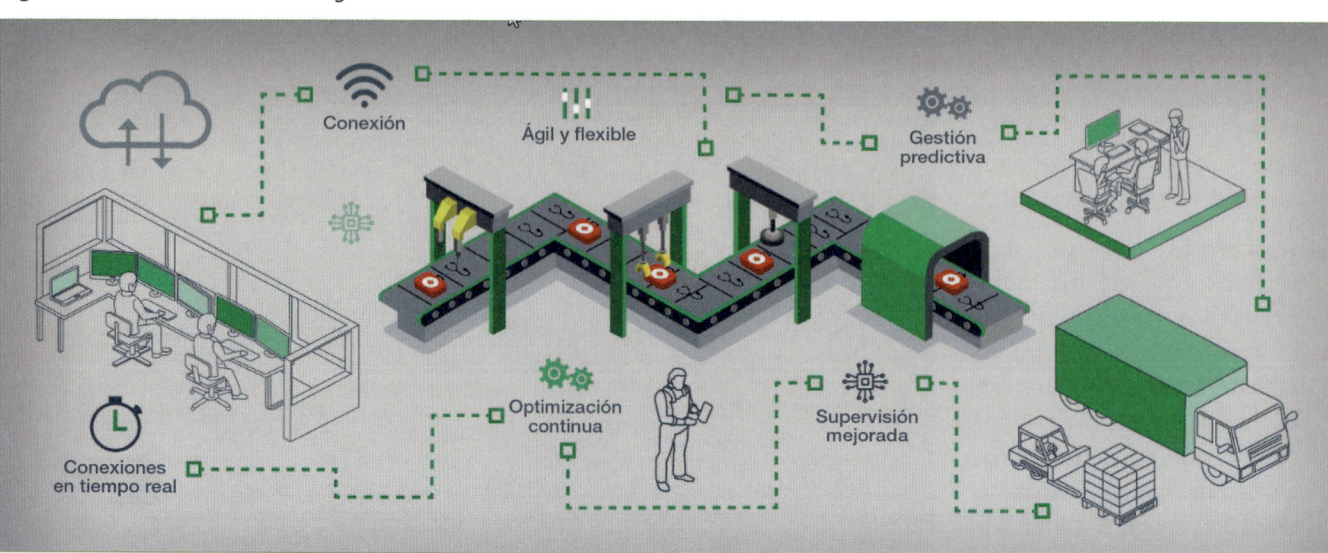

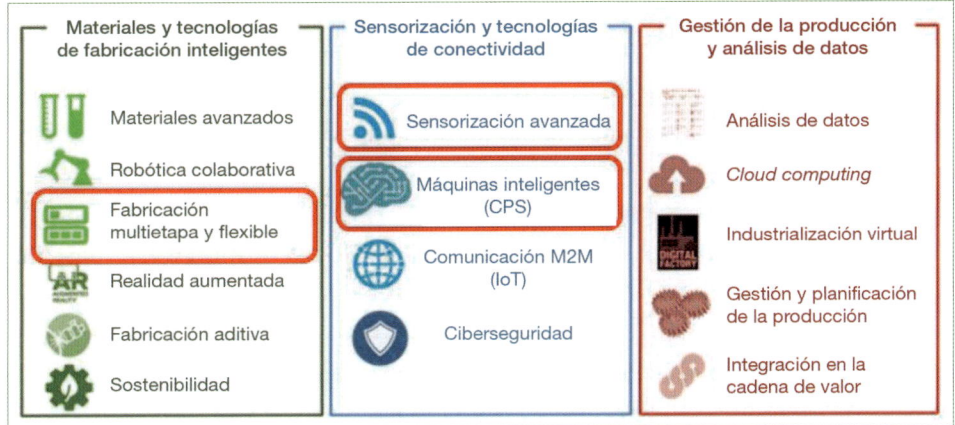

Figura 2.14 Tecnologías habilitadoras que permiten implementar el concepto de automatización avanzada.

2.2.3 Elementos característicos de los sistemas automatizados

IIoT, IoCPT e ICPS son conceptos relacionados, pero distintos dentro del ámbito de la interconexión y colaboración entre dispositivos físicos y digitales en entornos industriales. A continuación, se presentan las diferencias y las interacciones entre estos conceptos.

- El IIoT se enfoca en la interconexión de dispositivos, sistemas y objetos físicos en entornos industriales, como fábricas, plantas de producción, cadenas de suministro, etc.

- Su objetivo principal es habilitar la recopilación, transferencia y análisis de datos para mejorar la eficiencia, productividad y seguridad en los entornos industriales.

- Se basa en tecnologías de comunicación, sensores, actuadores y análisis de datos para permitir la conectividad y automatización de procesos industriales.

- Las aplicaciones del IIoT incluyen la monitorización y control de activos, el mantenimiento predictivo, la gestión de la cadena de suministro, la optimización energética y la mejora de la calidad en la producción.

El concepto de ICPS abarca la integración de tecnologías y sistemas ciberfísicos en diversos campos, como la industria manufacturera, la logística, la energía, la salud, entre otros.

- Los ICPS son sistemas integrados que combinan componentes cibernéticos (como ordenadores, redes y *software*) con componentes físicos (mecánicos, eléctricos, biológicos o químicos) para colaborar y comunicarse en tiempo real.

- Se utilizan en entornos industriales para automatizar y controlar procesos de producción, máquinas y sistemas complejos.

- Los ICPS pueden estar presentes en el ámbito de la Industria 4.0, donde la automatización, la conectividad y la inteligencia artificial se aplican a los entornos de fabricación y producción.

- Los ICPS son un componente clave para la implementación del IIoT y el IoCPT, ya que permiten la integración y colaboración entre los sistemas físicos y digitales.

El IoCPT se refiere a la interconexión y colaboración de dispositivos, sistemas y entidades físicas con capacidades de cómputo y comunicación en entornos ciberfísicos.

- Combina el IoT con los sistemas ciberfísicos (CPS) para permitir la colaboración inteligente entre objetos físicos y digitales.

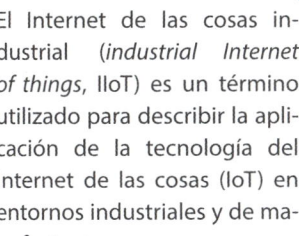

GLOSARIO

El Internet de las cosas industrial (*industrial Internet of things*, IIoT) es un término utilizado para describir la aplicación de la tecnología del Internet de las cosas (IoT) en entornos industriales y de manufactura.

GLOSARIO

Sistemas ciberfísicos Industriales (*integrated cyber-physical systems*, ICPS). Los ICPS son sistemas ciberfísicos integrados diseñados para interactuar de manera estrecha y continua con el mundo físico y digital.

GLOSARIO

Internet de las cosas ciberfísicas (Internet of *cyber-physical things*, IoCPT). Es una extensión del concepto de IoT que enfatiza la interacción y la colaboración inteligente entre dispositivos físicos y digitales en entornos ciberfísicos.

- Se centra en la integración de sistemas físicos, digitales y humanos, y en la toma de decisiones autónoma y adaptativa en tiempo real.

- Su objetivo es crear entornos ciberfísicos más inteligentes y eficientes, donde los objetos físicos y digitales trabajen juntos para optimizar y mejorar los procesos y resultados.

- Las aplicaciones del IoCPT incluyen la fabricación inteligente, la salud digital, las ciudades inteligentes, la movilidad inteligente y la gestión de infraestructuras.

En resumen, el IIoT se centra en la interconexión de dispositivos y sistemas en entornos industriales para mejorar la eficiencia, mientras que el IoCPT se enfoca en la colaboración entre objetos físicos y digitales en entornos ciberfísicos. Los ICPS, por su parte, son sistemas ciberfísicos industriales que pueden ser utilizados tanto en el contexto del IIoT como del IoCPT para habilitar la integración y colaboración entre los sistemas físicos y digitales en entornos industriales. Los tres conceptos están relacionados y se complementan entre sí con el objetivo de mejorar los procesos y resultados en la industria y otros ámbitos.

EJEMPLO 2.1

Busque una plataforma de IIoT o *software* que pueda conectarlo todo en la empresa mediante un sistema IIoT que permita monitorizar, supervisar y controlar los datos.

Solución:

Uno entre muchos ejemplos de **plataformas IIoT es ThingWorx**, que permite a las empresas el desarrollo rápido de aplicaciones que conectan de forma segura las empresas con sus fábricas, productos y entornos de servicio posventa.

https://youtu.be/gEURQpjE_3s

Figura 2.15 Las aplicaciones de la plataforma IIoT ThingWorx.

2.3 Interrelación entre el mundo virtual y el mundo físico

El metaverso y la interrelación entre el mundo virtual y el mundo físico tienen un impacto significativo en la Industria 4.0, que se refiere a la transformación digital de la industria y la fabricación, e interactúan en:

- **Simulación y prototipado virtual.** En la Industria 4.0, la simulación y el prototipado virtual son esenciales para el diseño y la optimización de productos y procesos. El metaverso proporciona un entorno tridimensional donde los ingenieros y diseñadores pueden crear modelos virtuales realistas de productos y sistemas. Esto permite realizar pruebas exhaustivas antes de la fabricación física, lo que reduce costes y errores.

- **Entrenamiento y capacitación.** La formación y la capacitación son vitales en la Industria 4.0, debido a la adopción de tecnologías avanzadas. El metaverso ofrece un entorno inmersivo para la formación de trabajadores en el uso de equipos y sistemas complejos. Los empleados pueden adquirir experiencia práctica en un entorno virtual antes de trabajar en el mundo físico.

- **Mantenimiento predictivo y gestión de activos.** En la Industria 4.0, el mantenimiento predictivo es crucial para evitar fallos costosos en maquinaria y equipos. El metaverso permite crear modelos virtuales de activos y sistemas, lo que facilita la monitorización y el diagnóstico en tiempo real. Los técnicos pueden utilizar estos modelos para realizar tareas de mantenimiento virtualmente antes de intervenir físicamente en los equipos.

> **GLOSARIO**
>
> Metaverso es un universo posrealidad, un entorno multiusuario perpetuo y persistente que fusiona la realidad física con la virtualidad digital. Se basa en la convergencia de tecnologías, como la realidad virtual (RV) y la realidad aumentada (RA), que permiten interacciones multisensoriales con entornos virtuales, objetos digitales y personas.

Figura 2.16 El gerente de ingeniería que usa gafas de realidad virtual utiliza la tecnología VR para verificar y controlar la automatización de la máquina de brazos robóticos en la fábrica inteligente industrial, la robótica de soldadura y la fabricación.

- **Operaciones de fabricación y logística.** La gestión de operaciones de fabricación y logística en la Industria 4.0 se beneficia de la interconexión entre el mundo físico y el virtual. Los sensores en tiempo real proporcionan datos sobre la producción y la cadena de suministro, que se pueden visualizar y analizar en entornos virtuales. Esto facilita la toma de decisiones informadas y la optimización de procesos.

- **Diseño colaborativo y reuniones virtuales.** El metaverso permite a equipos de diseño y fabricación colaborar de manera más eficiente, independientemente de su ubicación física. Las reuniones virtuales en entornos 3D permiten la revisión y el ajuste en tiempo real de diseños y estrategias de producción.

- **Experiencias de cliente y *marketing*.** En la Industria 4.0, la personalización y la experiencia de cliente son clave. El metaverso permite a las empresas crear experiencias de cliente únicas y personalizadas en entornos virtuales. Los clientes pueden interactuar con productos y servicios antes de comprarlos en el mundo físico.

- **Innovación y desarrollo de productos.** El metaverso puede servir como un espacio de colaboración global para la innovación y el desarrollo de productos. Los equipos pueden trabajar en conjunto en proyectos de investigación y desarrollo en un entorno virtual compartido, acelerando la innovación en la Industria 4.0.

- **Recopilación de datos y análisis avanzado.** La interacción entre el mundo virtual y el físico genera una gran cantidad de datos. El análisis de estos datos en el metaverso puede proporcionar información valiosa para la mejora continua de procesos y la toma de decisiones estratégicas en la Industria 4.0.

Figura 2.17 Empresaria utiliza la aplicación de pantalla táctil de realidad virtual para tomar decisiones.

ACTIVIDAD PROPUESTA 2.4

Visione el vídeo realizado por el Podcast Industria 4.0 «El Metaverso y su impacto en las empresas y la Industria 4.0»

https://www.youtube.com/watch?v=yN3Q-_C2RY8

¿Qué herramientas se deben utilizar en el metaverso? ¿Cuál es su grado de madurez? ¿Cuáles son sus distintas aplicaciones en las empresas?

2.4 Cambios producidos en los entornos 4.0. Ventajas

Los cambios producidos en los entornos 4.0 o la industria conectada 4.0 han llegado para quedarse. Y no solo eso, sino que esta industria ha ido evolucionando, permitiendo la aparición de nuevas tecnologías y modificando la forma en que se hacían las cosas.

2.4.1 Retos y oportunidades de la Cuarta Revolución Industrial

Es necesario analizar cuáles son las oportunidades reales y cuáles son los retos a los que nos enfrentamos en la Cuarta Revolución Industrial.

Las empresas pueden estar mejor preparadas y, de esta manera, satisfacer mejor las necesidades del cliente, ya que la interconectividad digital ofrece una mayor reacción que agiliza y dinamiza las soluciones. Por ejemplo, la fabricación aditiva o el *cloud computing* permiten ofrecer una flexibilidad productiva que se ajuste a la demanda de los clientes.

La colaboración e integración de todos los elementos de la cadena de valor situarían al cliente en el centro del proceso. La información captada a través de los sensores y emitida a través de las propias máquinas y productos permitirán mejorar la trazabilidad de la automatización de procesos y los flujos de trabajo.

Esto permitirá la interconexión entre la grandes cantidades de datos, las personas y las máquinas, dando lugar a sistemas de información integrales que impactarán directamente sobre la productividad y la eficiencia empresarial.

Las máquinas son capaces de comunicarse entre sí y realizar tareas colaborativas más complejas, como gestionar los protocolos de seguridad. Identificando las irregularidades de una manera más eficiente, pasarán de ser elementos mecánicos pasivos a convertirse en eslabones activos del proceso.

La información que contenga un producto adquirirá mayor relevancia y será clave para su producción, comercialización, venta y mantenimiento. Surgirán nuevos modelos de negocio basados en la creación de nuevas propuestas de valor para los clientes tanto externos como internos.

Sin embargo, la integración total de todos los sistemas de información se enfrenta a un desafío importante: la recopilación de una cantidad exagerada de datos que proceden de todas y cada una de las partes de la cadena de valor de una empresa. Por lo tanto, va a ser necesario estandarizar la interoperabilidad de los sistemas. Es necesario utilizar sistemas de comunicación estandarizados que, por contra, hará que incrementen las posibilidades de sufrir amenazas de ciberseguridad. Por ello, es necesario utilizar sistemas y redes fiables y seguras.

— PARA SABER MÁS —

Retos y oportunidades de la Cuarta Revolución Industrial.

https://youtu.be/0fVvCgs8oQ g?list=PLapjNZJIttkvS2G7j8eI gmud3gXhsdM9z

2.4.2 Procesos, productos y modelos de negocio. Triple impacto de la Industria 4.0

La tecnología es el instrumento que lidera el cambio en la forma de hacer las cosas. Para dar respuestas a los retos de la Industria 4.0, los productos, los procesos y los modelos de negocio son transformados para responder ante las demandas del mercado. Ahí es donde realmente radica la innovación.

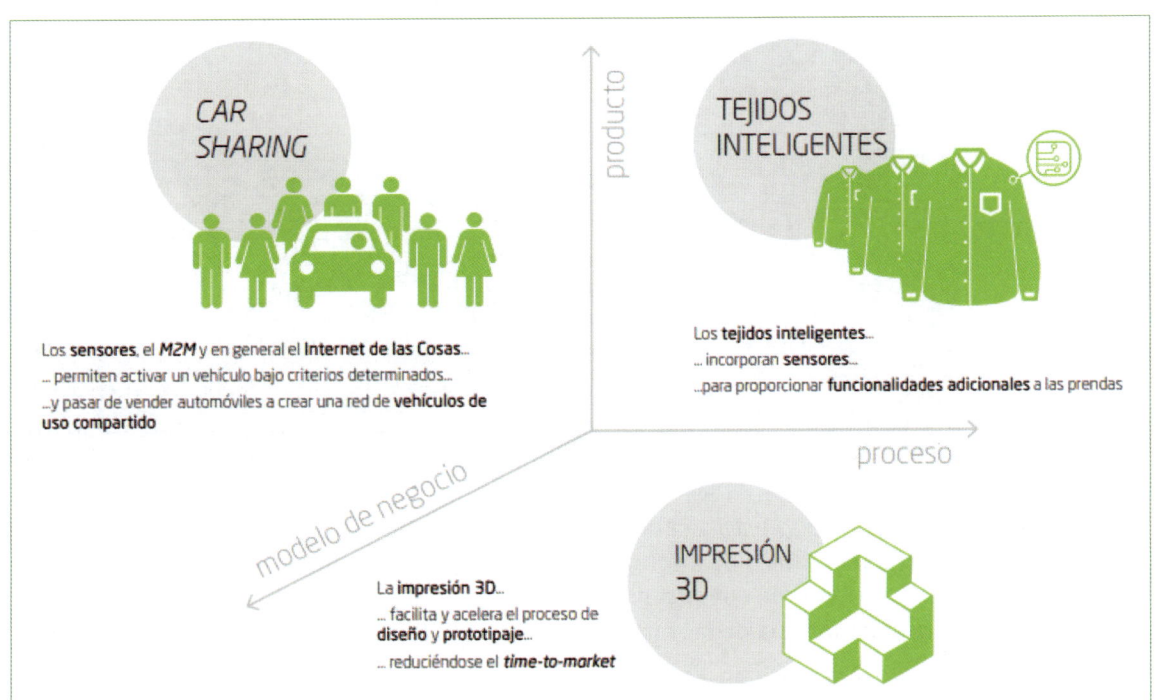

Figura 2.18 Niveles de impacto de la Industria 4.0 y ejemplos.

Los avances tecnológicos están permitiendo incorporar datos e información a los elementos físicos de la cadena de valor. De esta manera, nos permiten difundir a gran velocidad todos esos flujos de datos una vez han sido procesados. Gracias a estos dispositivos inteligentes, existe una conexión entre los sistemas y las personas cada vez más estrecha, que permite que estén continuamente comunicados y de una forma más eficaz.

Los productos evolucionan para adaptarse al entorno, desde el diseño hasta su comercialización. Una labor comercial mejor conectada permite la mejora de cada proceso en la cadena de valor y esto repercute en la mejora del producto, lo cual permite transformar en conjunto el resto de la industria.

Existen interacciones colaborativas entre los elementos que componen la cadena de valor, como son las personas, las máquinas y los robots.

Hay comunicación a través de múltiples canales con clientes, distribuidores y proveedores.

Existe información en tiempo real para predecir la demanda y, de esta manera, esta se puede adaptar a las necesidades del cliente.

Hay nuevos métodos de trabajo que permiten flexibilizar y agilizar la producción. Estos modelos posibilitan reducir tiempos de respuesta y, a la vez, mantienen los costes bajo control.

Las ventajas que ofrece contar con una industria interna y externamente conectada y comunicada permiten predecir e ir un paso por delante a la hora de realizar muchas acciones, como los mantenimientos preventivos, hacer pedidos de materias primas o, incluso, a la hora de fabricar productos a demanda. Adaptarse a esta demanda hace posible reducir los *stocks*, mejorar la logística y, por supuesto, la integración de clientes con proveedores. Estos sistemas existen desde hace mucho tiempo, pero hoy en día es posible su generalización gracias a la cantidad de tecnología asequible para todo el mundo de la que disponemos.

Figura 2.19 Realidad aumentada inteligente, sistema de gestión de almacenes.

Para llevar todo esto a cabo se han creado plataformas integradas que permiten controlar los flujos de información entre los sensores instalados en toda la fábrica hasta el punto de comercialización, reduciendo así costes y tiempos derivados de la gestión interna de las empresas.

El hecho de abordar todos los procesos de una forma global implica poner en juego a toda la cadena de valor, desde el momento en el que un producto se diseña hasta su fase de comercialización. Cada una de estas plataformas necesita ser colaborativa para que todo aquel que forma parte de la cadena de valor pueda beneficiarse de los datos y aporte su conocimiento del producto.

Se consigue una reducción de costes en la fase de prototipado, validación y fabricación.

Además, los productos pueden mejorarse incorporando sensores y elementos inteligentes que mejoren su trazabilidad y sus funcionalidades. Incluso la personalización de los productos es cada vez mayor gracias a toda esta trazabilidad, que proporciona necesidades y gustos del cliente de manera más eficiente y rápida.

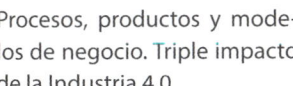

— PARA SABER MÁS —

Procesos, productos y modelos de negocio. Triple impacto de la Industria 4.0.

https://youtu.be/Dk1OkK4BTDY?list=PLapjNZJIttkvS2G7j8eIgmud3gXhsdM9z

Reto profesional

Interrelación entre el mundo virtual y el mundo físico

Breve descripción

La finalidad de este reto profesional es vivenciar el contexto del metaverso: la generación de universos virtuales en los que convergen lo físico y lo digital, afrontándolo mediante la plataforma Minecraft Education Edition, que es una versión educativa del popular juego de construcción y aventuras Minecraft.

El reto

En el reto, por equipos, se va a tratar de conocer los riegos de ciberseguridad de los empleados de una empresa u organismo equiparado, relacionado con los profesionales con el título de Técnico en… que ejercen su actividad (que se puede identificar en el apartado primero del Artículo 7) y el entorno profesional de cada Real Decreto por el que se establece el título. Para ello, se deberá usar la gamificación, donde cada miembro del equipo puede practicar con la plataforma Minecraft Education Edition nuevas habilidades de seguridad cibernética y descubrir formas de mitigar cualquier problema que surja de la información comprometida. Posteriormente, compartirá con su equipo la construcción conjunta de un mundo multijugador para jugar en modo colaborativo a resolver el reto de los riesgos a los que se exponen.

y modelando la ciudadanía digital.

Para realizar el reto profesional 2, acceda a www.marcombo.info y descargue gratis el contenido adicional.

Código: **MARCOMBO20**

Mapa conceptual

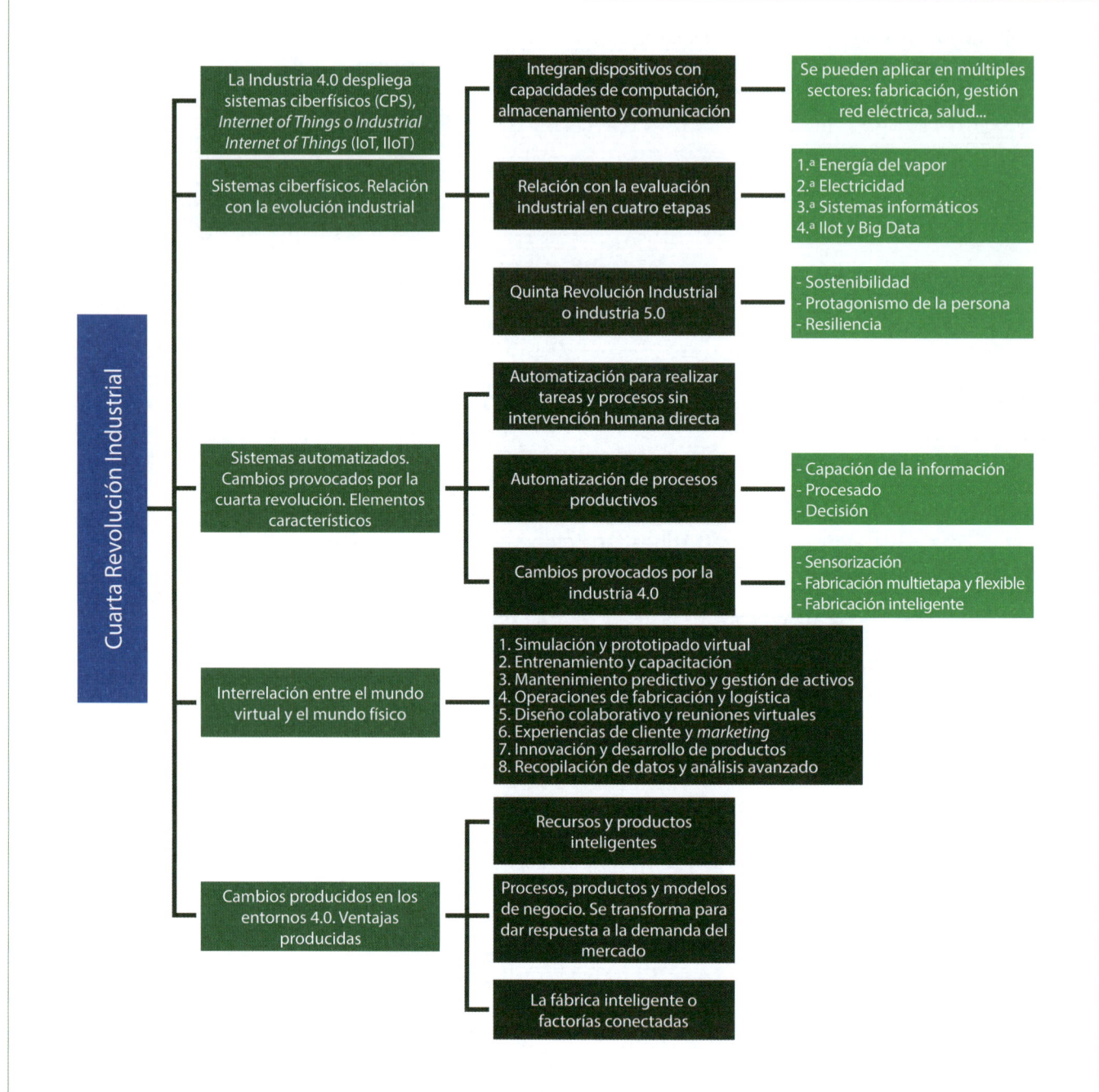

Figura 2.20 Mapa conceptual de la Cuarta Revolución Industrial.

TEST DE EVALUACIÓN

1. **¿Cuál fue el primer sector productivo que se vio beneficiado por los avances técnicos de la Revolución Industrial?**

a) El sector agrario.

b) Los transportes.

c) El sector siderúrgico.

d) El sector textil.

2. **¿Por qué causa se caracterizó la Segunda Revolución Industrial?**

a) El empleo de excedentes de capital procedentes de la agricultura.

b) El escaso avance industrial y la búsqueda de nuevos mercados.

c) El empleo de dos nuevas fuentes de energía: el petróleo y la electricidad.

d) El empleo del carbón y de la electricidad.

3. **¿Qué significa CPS?**

a) Sistemas Data.

b) Sistemas financieros.

c) Sistemas ciberfísicos.

d) Sistema de personal.

4. **La principal novedad de la Cuarta Revolución Industrial es:**

a) La robótica.

b) El uso de ordenadores.

c) La fusión de tecnologías de ordenadores y robótica.

d) La incorporación de las nuevas tecnologías (cloud, sistemas ciberfísicos, sensóricos, entre muchos otros) a la industria.

5. **¿Qué integra los sistemas físicos tradicionales de producción con los sistemas computacionales?**

a) Reducción de costes.

b) Sistemas ciberfísicos.

c) Conveniencia y flexibilidad.

d) Satisfacción del empleado.

6. **La Industria 4.0 ha provocado cambios significativos en los sistemas automatizados. Algunos de estos cambios son los siguientes:**

a) Sensorización avanzada a nivel de fábrica.

b) Fabricación multietapa y flexible.

c) Smart manufacturing o fabricación inteligente.

d) Todas las anteriores.

7. **La automatización de los procesos industriales se lleva a cabo en alguna de estas fases fundamentales:**

a) Captación de información.

b) Procesado.

c) Decisión.

d) Todas las anteriores.

8. **La Industria 5.0 no viene para sustituir a la Industria 4.0, sino que aparece para complementar el progreso aportado por las diferentes tecnologías y potenciar la relación positiva entre los hombres y las máquinas, con alguno de los siguientes ejes fundamentales:**

a) Sostenibilidad.

b) Protagonismo de la persona.

c) Resiliencia.

d) Todos las anteriores.

9. **Los sistemas integrados que combinan componentes cibernéticos (como ordenadores, redes y software) con componentes físicos (mecánicos, eléctricos, biológicos o químicos) para colaborar y comunicarse en tiempo real se llaman:**

a) ICPS.

b) IoCPTI.

c) IIoT.

d) IoT.

10. **Su objetivo es crear entornos ciberfísicos más inteligentes y eficientes, donde los objetos físicos y digitales trabajen juntos para optimizar y mejorar los procesos y resultados:**

a) ICPS.

b) IoCPTI.

c) IIoT.

d) IoT.

Para realizar las actividades de la 1 a la 7, acceda a www.marcombo.info y descargue gratis el contenido adicional, complemento imprescindible de este libro.

Código: **MARCOMBO20**

ACTIVIDAD 1

De la ficha caso de éxito Ametic Sector Logística, del catálogo de casos de éxito de Industria 4.0, de la asociación representante del sector de la industria digital en España (AMETIC):

a) Analiza el cambio producido en los sistemas automatizados en el sector según el proyecto implementado.
b) Relaciona la migración a entornos 4.0 con la mejora de los procesos de las empresas en el sector.

ACTIVIDAD 2

De la ficha caso de éxito Ametic Sector Energía, del catálogo de casos de éxito de Industria 4.0, de la asociación representante del sector de la industria digital en España (AMETIC):

a) Analiza el cambio producido en los sistemas automatizados en el sector según el proyecto implementado.
b) Relaciona la migración a entornos 4.0 con la mejora de los procesos de las empresas en el sector.

ACTIVIDAD 3

De la ficha caso de éxito Ametic Sector Agropecuario, del catálogo de casos de éxito de Industria 4.0, de la asociación representante del sector de la industria digital en España (AMETIC):

a) Describe la solución: si está basada en una combinación de la parte física de las industrias con el software, IoT (Internet de las cosas), comunicaciones, etc.
b) Analiza el cambio producido en los sistemas automatizados de producción en el sector según el proyecto implementado.
c) Relaciona la migración a entornos 4.0 con la mejora de los procesos de las empresas en el sector.

ACTIVIDAD 4

De la ficha caso de éxito Ametic Sector Fabricación mecánica, del catálogo de casos de éxito de Industria 4.0, de la asociación representante del sector de la industria digital en España (AMETIC):

a) Relaciona los sistemas ciberfísicos con las necesidades en entornos industriales y su solución en la interrelación entre el mundo físico y el virtual.
b) Relaciona los impactos de la migración a entornos 4.0 de las empresas en el sector.

ACTIVIDAD 5

De la ficha caso de éxito Ametic Sector Instalación y mantenimiento, del catálogo de casos de éxito de Industria 4.0, de la asociación representante del sector de la industria digital en España (AMETIC):

a) Relaciona la migración a entornos 4.0 con la mejora de los resultados de las fábricas.
b) Identifica las ventajas y beneficios de la solución para clientes y empresas.

ACTIVIDAD 6

De la ficha caso de éxito Ametic Sector Electricidad y Electrónica, del catálogo de casos de éxito de Industria 4.0, de la asociación representante del sector de la industria digital en España (AMETIC):

a) Describe la interrelación entre el mundo físico y el virtual.
b) Indica un ejemplo de migración a entornos Smart Cities para la mejora de los resultados de tráfico.
c) Describe la combinación de la parte física de la solución de tráfico con el software, IIoT (Internet de las cosas), comunicaciones, etc.

ACTIVIDAD 7

De la ficha caso de éxito Ametic Sector Industrias Alimentarias, del catálogo de casos de éxito de Industria 4.0, de la asociación representante del sector de la industria digital en España (AMETIC):

a) Analiza el cambio producido en los procesos productivos en la fabricación de productos lácteos.
b) Identifica las ventajas para las empresas lácteas.

ACTIVIDAD 8

Realiza una búsqueda de información en la videonoticia de un caso real de sensorización avanzada a nivel de fábrica en una planta de pasta alimenticia. https://youtu.be/zQ0c2Bm8qmU

Identifica: ¿Cuál es el objetivo de la sensorización de la planta de pasta? ¿Qué plataforma de fábrica inteligente incorpora y qué interconecta? ¿Por qué se ha implantado la plataforma smart factory?

ACTIVIDAD 9

Realiza una búsqueda de información del proyecto Astillero 4.0 a través de la noticia https://www.aec.es/nosotros/actualidad-aec/astillero-4-0/

Identifica: ¿Cuál es el objetivo principal del proyecto Astillero 4.0? Identifica qué tecnologías de la industria 4.0 emplea.

Puedes, igualmente, visionar el vídeo NAVANTIA avanza hacia el Astillero 4.0 https://youtu.be/2SDb68NPUFA

ACTIVIDAD 10

Puedes visionar el vídeo La Industria 4.0 ya es una realidad en el fabricante de componentes y máquinas Bosch. https://youtu.be/yxitQo7rn-I

Identifica: ¿Qué permite la tecnología actual? ¿Qué permite la industria 4.0 y la tecnología que maneja? ¿Cuál es el papel del ser humano en la automatización de datos de la producción?

Cloud y sistemas conectados

En esta unidad va a estudiar:

- *Cloud*. Definición y niveles.
- Posibilidades del trabajo en la nube.
- *Edge computing* y su relación con la nube.
- *Fog* y *mist*. Relación con la nube.
- Ventajas del uso de los recursos de la nube.
- Uso de la nube y la rentabilidad de la empresa.

Con su estudio, va a ser capaz de:

- Identificar los diferentes niveles de la nube.
- Identificar las principales funciones de la nube (procesamiento de datos, intercambio de información, ejecución de aplicaciones, entre otros).
- Describir el concepto de *edge computing* y su relación con la nube.
- Definir los conceptos de *fog* y *mist* y sus zonas de aplicación en el conjunto.
- Identificar las ventajas que proporciona la utilización de la nube en los sistemas conectados.

3.1 Introducción

La evolución de la tecnología, y en particular la irrupción de Internet, está provocando cambios en los hábitos de consumo, en los modelos de negocio y en los mercados. Estos cambios empujan a las empresas hacia una transformación digital para adaptarse y aprovechar las oportunidades de negocio que ofrecen la movilidad, la analítica, la nube (en inglés, *cloud*) o las redes sociales.

En esta unidad se va a identificar la estructura de los sistemas basados en la nube describiendo su tipología y su campo de aplicación.

3.2 Nube. Definición y niveles

La nube permite a las empresas adoptar las últimas tecnologías a un coste reducido, alcanzando así mayor productividad con el mínimo esfuerzo. Al utilizar servicios en la nube no solo ahorran costes, sino que también pueden crecer de forma eficiente, ya que los servicios en la nube aportan agilidad al negocio al nivelar volumen con capacidad.

Los proveedores de servicios en la nube prometen a los empresarios reducir las inversiones destinadas a *hardware* y *software,* sustituyéndolas por gastos en servicios en un atractivo esquema de pago por uso, a la vez que ofrecen otras ventajas, como acceso a los servicios contratados desde cualquier lugar, flexibilidad, escalabilidad, etc.

3.2.1 ¿Qué es *cloud computing*?

GLOSARIO

El *cloud computing,* o informática en la nube, es un modelo que permite al proveedor tecnológico **ofrecer servicios informáticos a través** de Internet. De esta forma, los recursos, es decir, el *hardware*, el *software* y los datos se pueden ofrecer a los clientes **bajo demanda**.

Esta prestación de servicios permite al cliente el acceso bajo demanda y **a través de la red** a un conjunto de **recursos compartidos y configurables** (redes, servidores, almacenamiento, aplicaciones y servicios) que pueden ser rápidamente asignados y liberados con una mínima gestión por parte del proveedor. En resumen, permite **acceder a los servicios y recursos** que se han contratado proporcionando flexibilidad de dimensionamiento y acceso.

El cliente, bien sea un particular o una empresa, se abstrae de la infraestructura tecnológica necesaria para poder utilizar una determinada aplicación, ya que simplemente **se requiere un navegador web con conexión a la red** para tener acceso a los procesos o a los datos.

El cliente puede acceder a los servicios contratados desde cualquier lugar y todos los días del año, adaptándolos a sus necesidades de forma dinámica. Todo ello sin realizar inversiones en equipos y *software*, y sin los gastos derivados de su mantenimiento.

ACTIVIDAD PROPUESTA 3.1

Visione el vídeo de computerhoy.com, web que comparte contenidos y opiniones sobre el mundo de la tecnología, «¿Qué es *cloud*?».

https://youtu.be/iACzaUf1N84

Identifique los inicios del *cloud computing*.

3.2.2 Las características del *cloud computing*

Las características esenciales en las que se evidencian similitudes y diferencias con las estrategias de informática tradicionales son las siguientes:

- **Autoservicio bajo demanda.** El cliente puede disponer de las capacidades de tratamiento de datos, como las del tiempo del servidor, y de las capacidades de almacenamiento, en función de sus necesidades, sin que sea necesaria la interacción humana con cada proveedor de servicios.

- **Amplio acceso a la red.** Los recursos están disponibles en la red de Internet y se puede acceder a ellos mediante mecanismos estándar que favorecen su utilización a través de plataformas de clientes heterogéneas, ligeras o más pesadas (por ejemplo, teléfonos móviles, tabletas, ordenadores portátiles y estaciones de trabajo).

- **Puesta en común de los recursos.** Los recursos informáticos del proveedor son compartidos para servir a varios clientes a través de un modelo multiusuario, con diferentes recursos físicos y virtuales asignados dinámicamente y reasignados en función de la demanda de los consumidores. La sensación es que la ubicación es independiente, en el sentido de que el cliente generalmente no controla ni conoce la ubicación exacta de los recursos suministrados, aunque sí puede especificar una ubicación a un nivel de abstracción superior (por ejemplo, país, estado o centro de datos). Los recursos disponibles incluyen, por ejemplo, el almacenamiento, el tratamiento, la memoria y el ancho de banda de la red.

- **Rápida elasticidad.** Las capacidades se pueden acumular y activar de manera escalable, en determinados casos automáticamente, para evolucionar rápidamente de forma creciente o decreciente en función de la demanda. Para el consumidor, las capacidades disponibles parecen a menudo ilimitadas y pueden ser monopolizadas en cualquier cantidad y momento.

- **Medición del servicio.** Los sistemas *cloud* controlan y optimizan automáticamente la utilización de los recursos a través de una capacidad de medición al nivel de abstracción apropiado para el tipo de servicio (por ejemplo, almacenamiento, tratamiento, ancho de banda y cuentas de usuarios activos). La utilización de los recursos puede ser vigilada, controlada y notificada, lo que garantiza la transparencia al proveedor.

Figura 3.1 Las 5 características de la informática en la nube.

3.2.3 Los tres niveles del *cloud computing*

El *cloud computing* engloba tres niveles o modelos de prestación de servicio:

1. **IaaS** (*infrastructure as a service*, infraestructura como servicio).

2. **PaaS** (*platform as a service*, plataforma como servicio).

3. **SaaS** (*software as a service*, *software* como servicio).

Los tres niveles se sustentan entre ellos, es decir, cada uno de los niveles se sostiene sobre los inferiores. De esta forma, los servicios SaaS son soportados por la plataforma PaaS y consumen indirectamente infraestructura como servicio (IaaS).

En este caso, si se contrata un servicio SaaS, cuenta con un equipo de desarrolladores que garantizarán el soporte, la actualización y la optimización de la aplicación. Además, los clientes contratan indirectamente un servicio de infraestructura (espacio en servidores, bases de datos, etc.) que es necesario para ejecutar las aplicaciones.

Figura 3.2 Niveles de prestación de servicios de *cloud computing*.

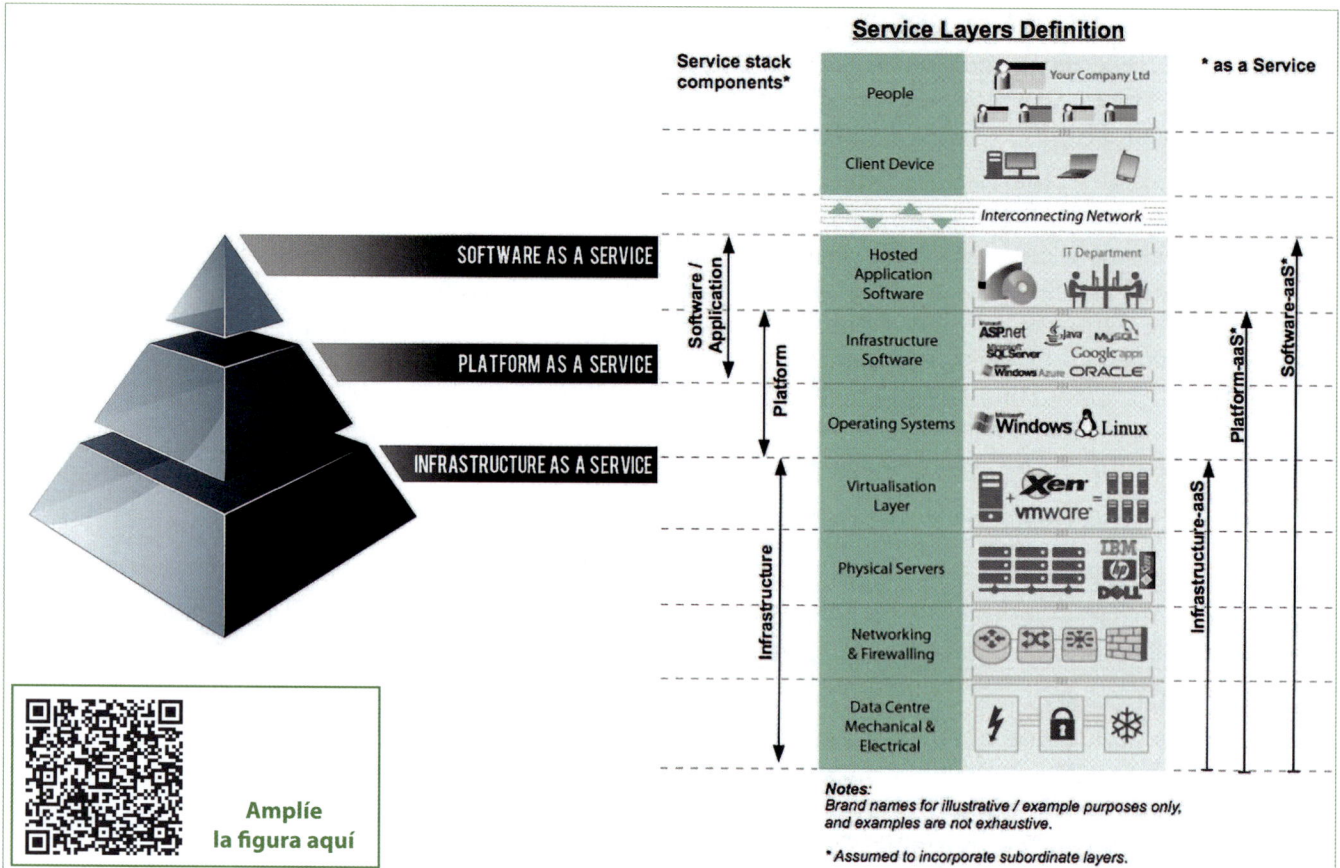

Amplíe
la figura aquí

Figura 3.3 Modelos de servicios de *cloud computing*; se diferencian los gestionados por el usuario y los gestionados por el proveedor de servicios de la nube.

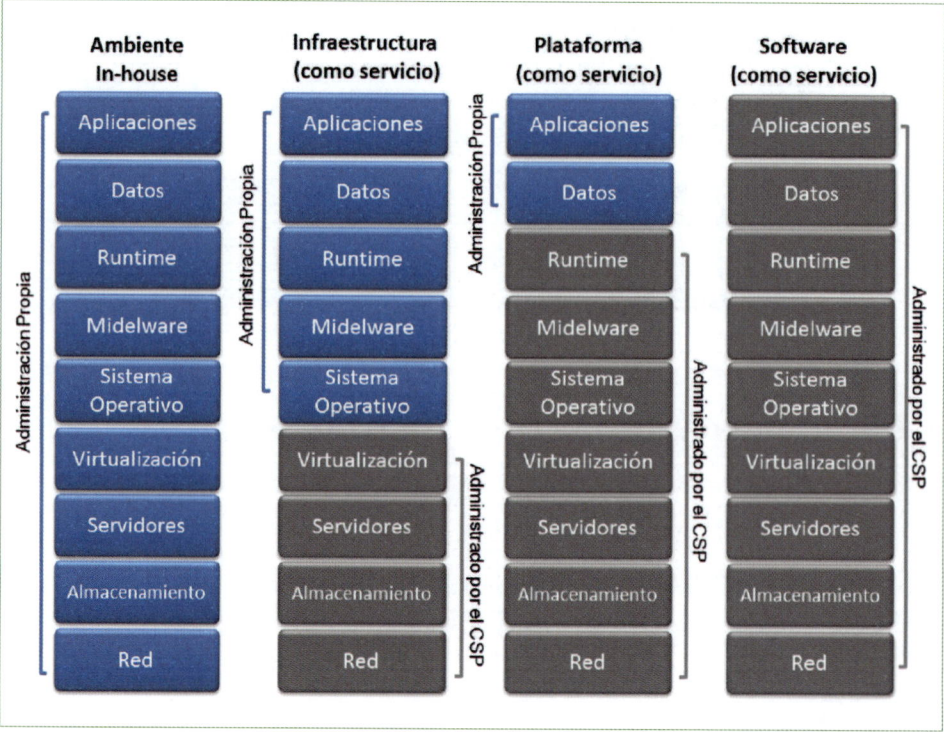

IaaS

En este **modelo de infraestructura como servicio**, el proveedor de servicios en la nube (CSP, *cloud service provider*) brinda al usuario una infraestructura de recursos IT, como procesamiento, energía, almacenamiento, redes y *firewalls* (cortafuegos), **todo en modo servicio**, para que el consumidor pueda implementar y ejecutar cualquier tipo de aplicación.

Las empresas acceden a su **infraestructura a través de un panel de control o API**, pero no tienen que gestionarla físicamente.

En lo que a seguridad se refiere, la IaaS se basa en un modelo de responsabilidad compartida:

- Los proveedores de IaaS se encargan de asegurar que infraestructura, almacenamiento y redes sean completamente seguros.

- Los clientes deben asumir la responsabilidad de otros aspectos, como la gestión de accesos, la encriptación o la protección del tráfico de red.

Principales beneficios del modelo IaaS:

- **Control.** Los negocios pueden mantener el control sobre su infraestructura.

- **Rentabilidad.** Los recursos se pueden comprar bajo demanda, sin grandes inversiones en *hardware*.

- **Automatización.** Los negocios pueden impulsar la productividad, la eficiencia y la seguridad mediante la automatización.

- **Escalabilidad.** Las empresas pueden crecer y añadir recursos según sus necesidades.

--- EJEMPLO 3.1 ---

Ejemplos de IaaS.

Solución:

Los más evidentes son los proveedores de nube pública, como Amazon Web Services, OVH, Microsoft Azure o Google Cloud. Todos ellos permiten trabajar con máquinas virtuales en la nube y personalizar los recursos de almacenamiento, memoria, CPU, sistemas operativos, etc.

Figura 3.4 Modelo IaaS.

PaaS

Plataforma como servicio utilizada principalmente por los **desarrolladores de software**. En principio, implica un nivel de abstracción más por encima de IaaS. En este modelo, el proveedor garantiza el sistema operativo, los lenguajes de programación, las librerías y las herramientas. Es una plataforma completa y escalable, donde los desarrolladores solo tienen que preocuparse por el código de la aplicación.

Principales beneficios del modelo PaaS:

- **Fácil de usar.** Desarrollo, prueba y despliegue simples y rentable de aplicaciones.

- **Productividad.** Los desarrolladores pueden construir aplicaciones personalizadas altamente disponibles y escalables, fácilmente y usando menos código.

- **Agilidad.** Permite innovar con más rapidez.

- **Colaboración.** Mejora la colaboración entre equipos distribuidos en diferentes ubicaciones.

Principales preocupaciones en el modelo PaaS:

- Seguridad de los datos

- Interoperabilidad y vendor *lock-in* o dependencia del proveedor

- Integraciones y compatibilidad

- Limitaciones operativas

- Tiempo de ejecución

EJEMPLO 3.2

Ejemplos de PaaS

Solución:

Un claro representante de este modelo es Google App Engine: plataforma sin servidores completamente administrada, diseñada para implementaciones rápidas y capaz de desarrollar y alojar aplicaciones a gran escala.

No obstante, existen otros muchos entornos que se ajustan a esta definición: SAP Cloud Platform, Heroku de Salesforce, Oracle Cloud Platform o AWS Lambda.

Figura 3.5 Modelo PaaS.

SaaS

En *software* **como servicio** se proporciona un producto completo, el cual es ofrecido por el proveedor, quien se encarga de la administración. En este modelo, la empresa no tiene que preocuparse por la infraestructura de la nube, tampoco le interesa saber cómo se mantiene el servicio. Solo debe consumir el servicio, por lo que su única tarea es aprender a utilizarlo. Estas aplicaciones son accesibles a través de Internet y desde cualquier dispositivo, usando un cliente que puede ser un navegador web. Podemos decir que son aplicaciones de usuarios finales.

Principales beneficios del modelo SaaS:

- **Eficiencia.** Permite ahorrar tiempo y dinero al delegar la instalación, gestión y mejora de las aplicaciones de *software*.

- **Ahorro de tiempo.** El equipo técnico puede dedicar su tiempo a tareas más valiosas y complejas.

- **Actualizaciones regulares.** Actualizaciones y mejoras de experiencias de usuario continuas.

- **Accesibilidad.** Los usuarios pueden acceder al *software* desde cualquier lugar, usando cualquier dispositivo compatible.

Principales preocupaciones en el modelo SaaS:

- Seguridad de los datos

- Personalización y características limitadas

- Interoperabilidad y uso restringido o propietario de una tecnología

- Soporte para integraciones

- Rendimiento

EJEMPLO 3.3

Ejemplos de SaaS.

Solución:

La gran mayoría de las empresas utilizan a diario servicios SaaS. Aplicaciones de correo como Gmail, el conjunto de programas de Office 365, o servicios de alojamiento de archivos en la nube como Dropbox se inscriben en este modelo.

También algunas herramientas orientadas a fines empresariales, como el conocidísimo CMS WordPress o los sistemas ERP, se ajustan a este tipo de servicio. Realmente, los ejemplos son prácticamente infinitos, ya que abarca aplicaciones para cualquier ámbito empresarial: contabilidad, producción, ventas, RRHH, comunicación y un largo etcétera.

Figura 3.6 Modelo SaaS.

Otras modalidades complementarias del *cloud computing*

En los próximos años también crecerán otras modalidades secundarias y específicas englobadas dentro de esa filosofía de servicio.

- **DaaS (*desktop as a service*).** Oferta de escritorios virtuales subcontratados a proveedores externos. Facturó más de 2.600 millones de dólares en 2022.

- **FaaS (*functions as a service*).** La función como servicio es un tipo de servicio de *cloud computing* que permite que los desarrolladores diseñen, ejecuten y gestionen paquetes de aplicaciones como funciones sin tener que ocuparse del mantenimiento de su propia infraestructura.

- **CaaS (*container as a service*).** Como su propio nombre indica, es la oferta de contenedores a través de la nube. Está a caballo del IaaS y el PaaS.

- **MSaaS (*managed software as a service*).** El proveedor, además, ofrece apoyo y mantenimiento para las aplicaciones.

- **DBaaS (*data base as a service*).** Diseño, acceso y uso de bases de datos sin necesidad de descargarlas o alojarlas en un espacio específico.

- **SECaaS (*security as a service*).** Oferta de servicios de seguridad bajo demanda (normalmente un modelo de suscripción).

- **CCaaS (*contact center as a service*).** El centro de contacto como servicio es una aplicación de atención al cliente basada en la nube, que administra y realiza un seguimiento de los recorridos del cliente, las interacciones de los empleados con los clientes y cualquier otra comunicación entrante o saliente con los clientes. Se hace un seguimiento de estas comunicaciones a través de canales de voz y digitales, como correo electrónico, chat en web y mensajes de texto.

La lista sigue y sigue, siempre manteniendo la premisa del *on-demand*: *analytic, backup, business, communications, content, logging, monitoring, network, payments, robots, searchs, storage, etc.*

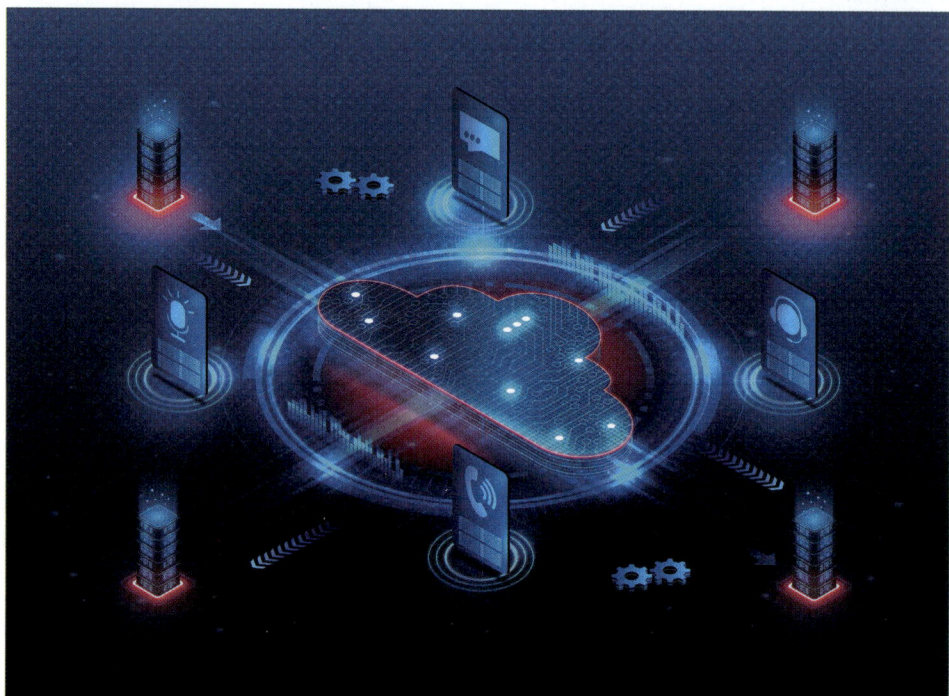

Figura 3.7 Comunicaciones en la nube. CCaaS.

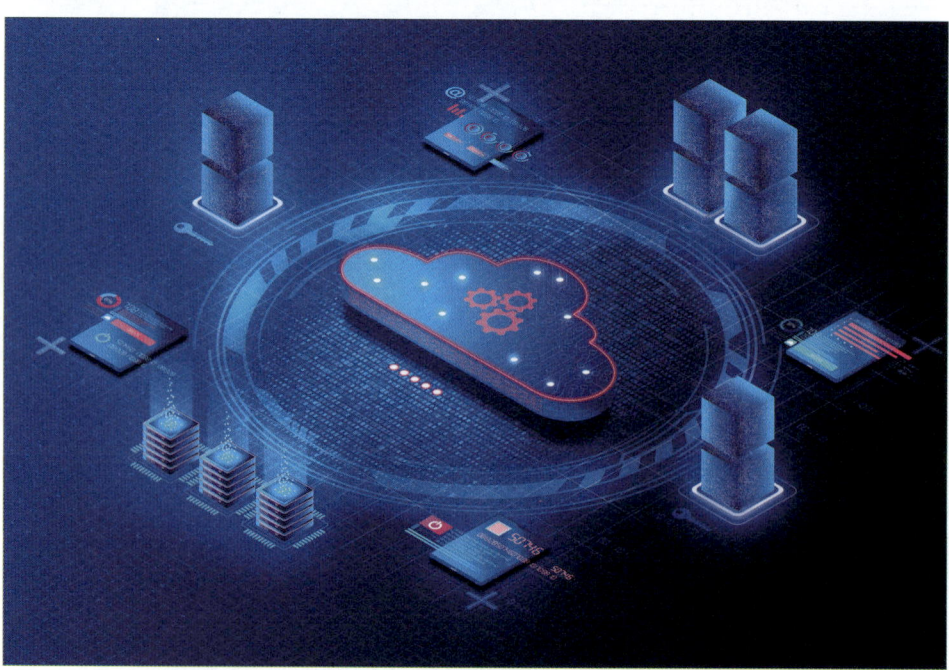

Figura 3.8 Concepto de sistema de gestión de DBaaS.

─────────── EJEMPLO 3.4 ───────────

Ejemplos de FaaS

Solución:

Las soluciones de FaaS están disponibles en las principales nubes públicas y pueden implementarse de manera local, lo cual agrega funciones nuevas e importantes a la TI empresarial para el desarrollo de las aplicaciones. Estos son algunos ejemplos conocidos de FaaS:

• IBM Cloud Functions

• AWS Lambda de Amazon

• Google Cloud Functions

• Microsoft Azure Functions (*open source*)

• OpenFaaS (*open source*)

3.3 Posibilidades del trabajo en la nube

Existen diversos tipos de nubes (*cloud computing*), atendiendo a las necesidades de las empresas, al modelo de servicio ofrecido y a cómo se desplieguen.

Dependiendo de dónde se encuentren instaladas las aplicaciones y qué clientes pueden usarlas, se tendrán nubes públicas, privadas o híbridas, cada una de ellas con sus ventajas e inconvenientes.

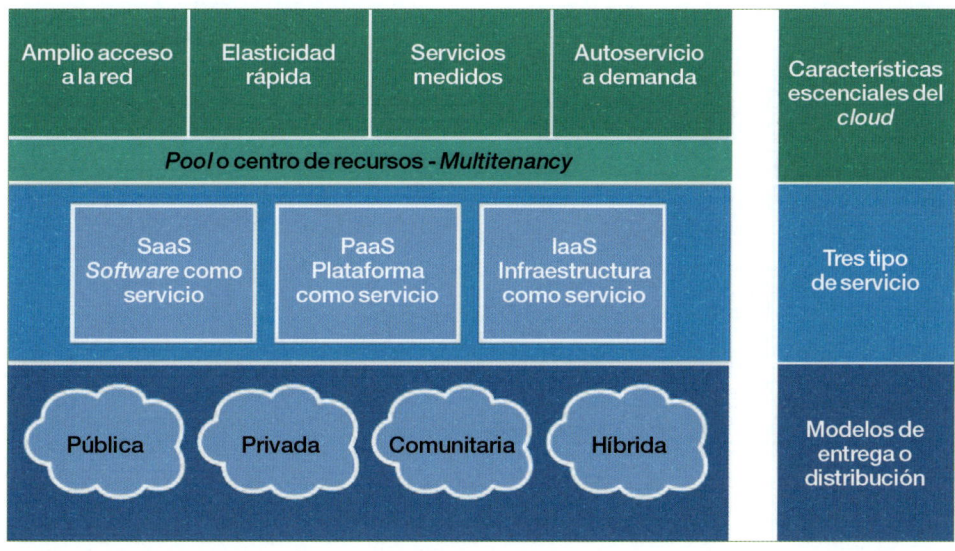

Figura 3.9 Modelos de despliegue en la nube.

3.3.1 Nubes públicas

La ventaja más clara de las nubes públicas es su capacidad de procesamiento y almacenamiento sin instalar máquinas localmente, por lo que **no tienen una inversión inicial o gasto de mantenimiento** en este sentido, sino que **se paga por el uso.** La carga operacional y la seguridad de los datos (*backup*, accesibilidad, etc.) recae íntegramente sobre el proveedor del *hardware* y *software*; debido a ello, el riesgo por la adopción de una nueva tecnología es bastante bajo. El retorno de la inversión se hace rápido y más predecible con este tipo de nubes.

Como inconvenientes se cuenta con el acceso a toda la información por parte de terceras empresas, y la dependencia de los servicios en línea (a través de Internet). También puede resultar difícil integrar estos servicios con otros sistemas propietarios. Es muy importante, a la hora de apostar por un servicio en la nube pública, asegurarse de que se pueden conseguir todos los datos que se tengan en ella, gratuitamente y en el menor tiempo posible.

EJEMPLO 3.5

Indica ejemplos de nubes públicas.

Solución:

Los tres principales servicios de nube pública que existen en el mercado son:

1. Microsoft Azure es la plataforma en la nube de Microsoft, proporciona un amplio conjunto de servicios IaaS y PaaS que permiten a las compañías trasladar a la nube sus aplicaciones empresariales o desarrollar nuevas aplicaciones de forma nativa con los mayores niveles de seguridad y flexibilidad. Soporta aplicaciones de otros fabricantes como SAP, Oracle, IBM, etc.

2. Amazon Web Services (AWS) es una plataforma en la nube segura, que ofrece servicios de almacenamiento de bases de datos, entrega de contenidos y otras funcionalidades para que las empresas puedan crecer.

3. Google Cloud es una agrupación de distintos servicios de *cloud computing* de Google en una misma plataforma. Permite modernizar las cargas de trabajo con una de las mejores infraestructuras del mundo y agilizar las migraciones con soluciones de infraestructura en la nube preempaquetadas para SAP, VMware, Windows, Oracle, migraciones de centros de datos y otras cargas de trabajo empresariales.

Figura 3.10 Logos de nubes públicas de Amazon AWS, Google Cloud y Microsoft Azure.

ACTIVIDAD PROPUESTA 3.2

Visione el vídeo del canal oficial de AWS para Latinoamérica en español: «¿Qué es AWS?»

https://youtu.be/x2vrg7HuM6g

Identifique cómo se alojan los recursos de informática en la nube de Amazon.

Vea el vídeo https://youtu.be/qQgxpHM_JmE

Identifique de qué alojamiento se trata.

3.3.2 Nubes privadas

En las nubes privadas, sin embargo, **la plataforma se encuentra dentro de las instalaciones del usuario y no suele ofrecer servicios a terceros**. En general, una nube privada es una plataforma para la obtención solamente de *hardware*, es decir, **máquinas, almacenamiento e infraestructura de red (IaaS)**, pero también se puede tener una nube privada que permita desplegar aplicaciones PaaS e incluso aplicaciones SaaS.

La ventaja de este tipo de nubes, al contrario que las públicas, es la **localización de los datos dentro de la propia empresa**, lo que conlleva una mayor seguridad, ya que esta corre a cargo del sistema de información que se utilice. Incluso será más fácil integrar estos servicios con otros sistemas propietarios.

Sin embargo, como inconveniente se encuentra la inversión inicial en infraestructura física, sistemas de virtualización, ancho de banda y seguridad, lo que llevará, a su vez, a la pérdida de escalabilidad y desescabilidad de las plataformas, sin olvidar el gasto de mantenimiento que requieren. Esta alta inversión supondrá un retorno más lento de la inversión.

ACTIVIDAD PROPUESTA 3.3

Busque en Internet tres ejemplos de proveedores importantes de servicios en nubes privadas.

3.3.3 Nubes híbridas

Las nubes híbridas consisten en combinar las aplicaciones locales con las de la nube pública. Se pueden ver también como una aplicación privada que se ve aumentada con los servicios de *cloud computing* y la infraestructura. Esto **permite a una empresa mantener el control de sus principales aplicaciones y aprovechar el *cloud computing* en los lugares donde tenga sentido**.

Por ejemplo, muchas empresas han visto que es más económico usar un IaaS (como, por ejemplo, Amazon Simple Storage Service (S3)) para almacenar imágenes, vídeos y documentos que hacerlo en infraestructuras propias. El modelo híbrido también se presta a un enfoque incremental.

Incluso **la nube híbrida puede ser un buen paso intermedio antes de pasar la mayor parte de las aplicaciones a la nube**, ya que es algo menos arriesgado. Por tanto, sería interesante pasar algunas aplicaciones más útiles para la nube a esta y, en el momento en que se esté más cómodo, mover las que sean necesarias.

Una nube híbrida tiene la ventaja de requerir una inversión inicial más moderada y, a la vez, contar con SaaS, PaaS o IaaS bajo demanda. En el momento necesario, utilizando las API de las distintas plataformas públicas existentes, se tiene la posibilidad de escalar la plataforma todo lo que se quiera sin invertir en infraestructura, con la idea de tomar uno de los siguientes caminos:

- Si dicha necesidad llegara a ser de carácter estable, sería recomendable incrementar la capacidad de la nube privada e incorporar los servicios adoptados en la pública pasándolos a la nube propia.

- Si dicha necesidad fuera puntual o intermitente, se mantendría el servicio en las *clouds* públicas, lo que permite no aumentar la infraestructura innecesariamente.

Parece que este tipo de nubes está teniendo buena aceptación en las empresas de cara a un futuro próximo, ya que se están desarrollando *softwares* de gestión de nubes para poder desarrollar la nube privada y, a su vez, adquirir recursos en los grandes proveedores públicos.

3.3.4 Nubes combinadas

Consiste en la **combinación de dos o más nubes privadas o públicas, administradas por diferentes usuarios y proveedores**. Gracias a esta integración, sus usuarios pueden cambiar a servicios proporcionados por nubes públicas con mayor facilidad.

3.3.5 Nubes comunitarias

Este tipo de nubes sirven para que **varias organizaciones compartan sus recursos informáticos y tecnológicos al compartir negocios, servicios y objetivos** y, por tanto, decidan tomar ventaja de la aplicación del *cloud computing* conjuntamente. Con menos usuarios que una nube pública, y quizá resultando más cara su implantación, ofrece mayores niveles de privacidad y seguridad.

3.4 *Edge computing* y su relación con la nube

GLOSARIO

Edge computing es una infraestructura informática distribuida, que acerca las aplicaciones empresariales a los orígenes de datos, como dispositivos de IoT o servidores periféricos locales.

Edge computing permite que **los datos** producidos por los dispositivos del Internet de las Cosas (IoT) se procesen más cerca de donde se crearon, en lugar de enviarlos a través de largos recorridos para que lleguen a centros de datos y nubes. Los datos, en lugar de viajar y llegar hasta la nube (*cloud*), **se procesan y analizan directamente en el dispositivo**. De esa manera, cada dispositivo conectado se transforma también en un nodo de conectividad y almacenamiento.

La ventaja de este sistema es que permite a las empresas ahorrar tiempo y dinero al analizar los datos en tiempo real, algo imprescindible en industrias como las de salud, finanzas, *retail* o telecomunicaciones, entre otras. Una mayor velocidad en el momento de analizar los datos mejora considerablemente los procesos internos de cada compañía.

Figura 3.11 *Cloud computing* frente a *edge computing*.

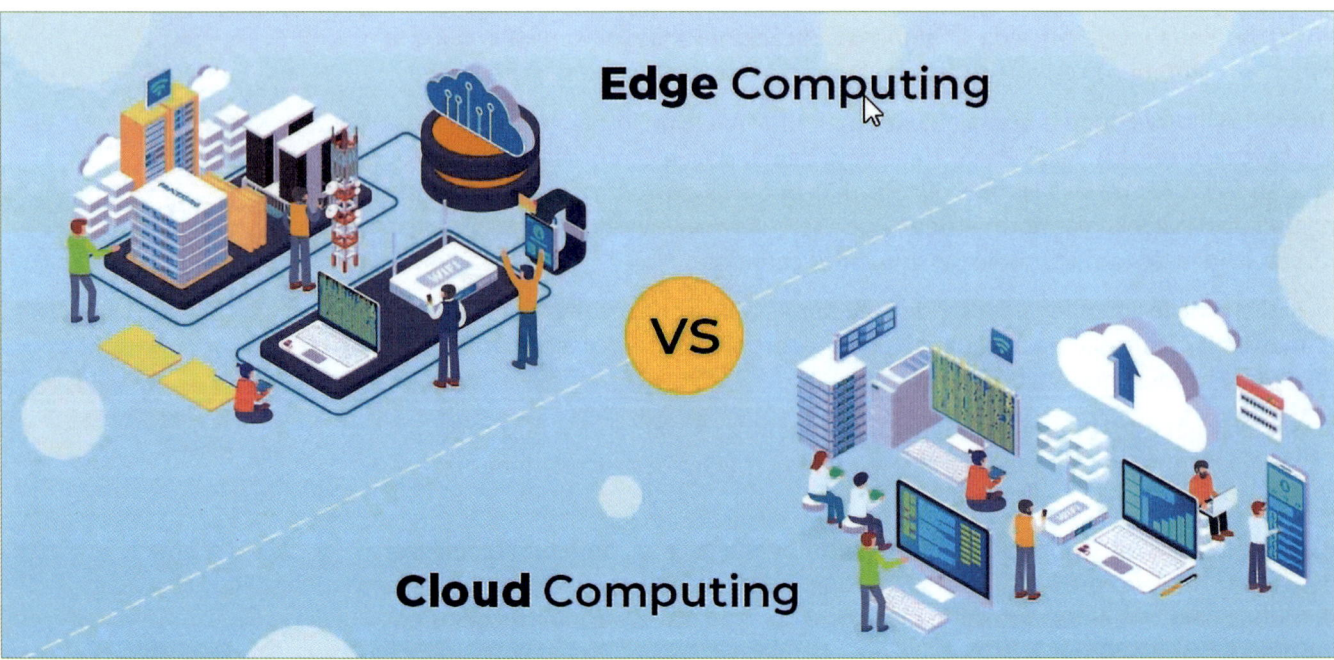

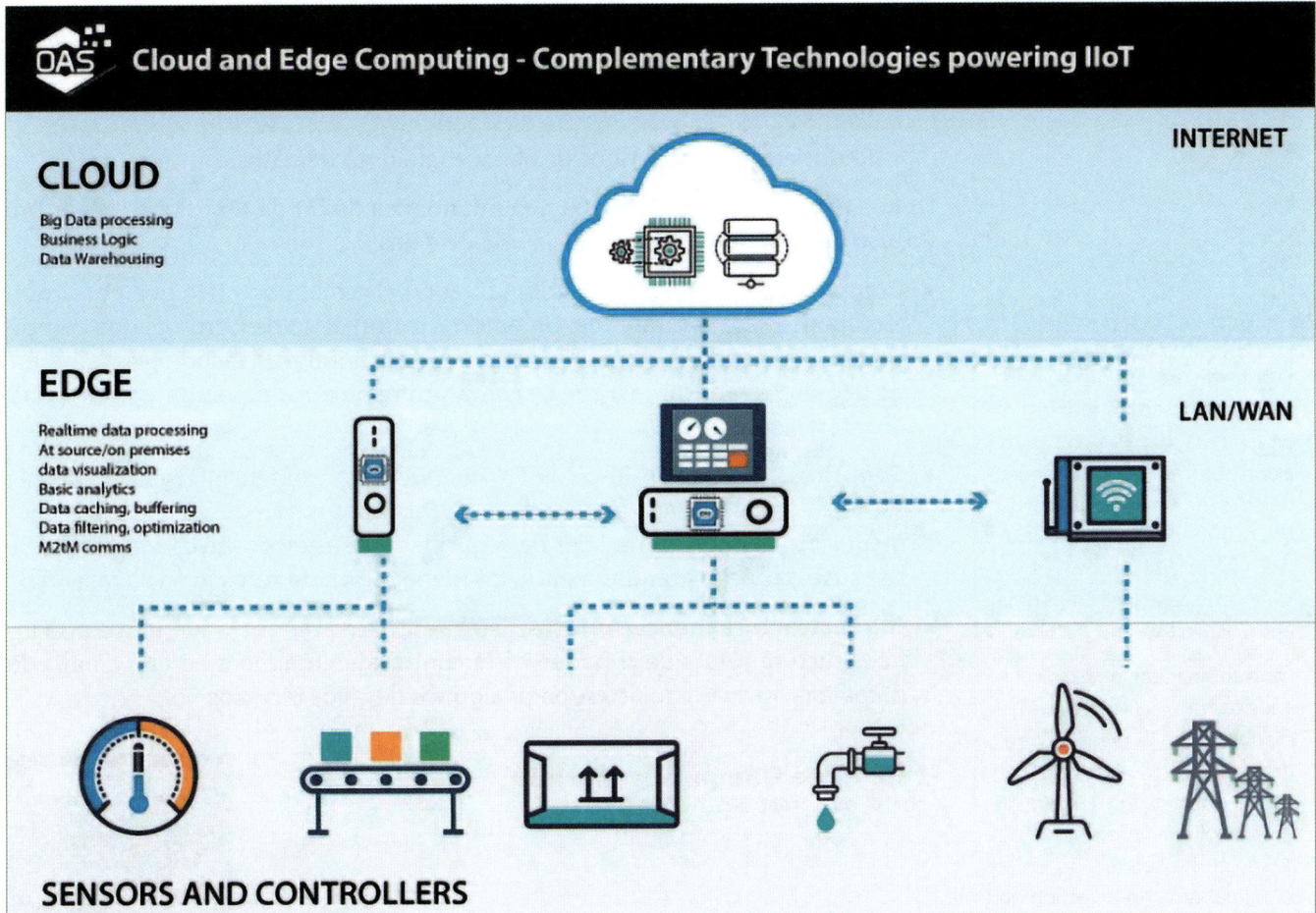

Figura 3.12 *Cloud* y *edge computing*.

Ventajas del *edge computing*:

- **Velocidad.** Al acercar las herramientas y aplicaciones para el análisis de datos a la fuente real de datos:

  ○ Reduce la distancia física que deben recorrer los datos y el tiempo requerido para moverse.

  ○ **Disminuye en gran medida la congestión de la red** y los periodos de inactividad o retraso.

  ○ Incrementa la capacidad de respuesta, la velocidad y la calidad del servicio en general.

- **Baja latencia.** A diferencia de la informática en la nube, que se basa en un solo centro de datos, *edge computing* funciona con una red más distribuida:

  ○ Elimina el viaje de ida y vuelta a la nube **reduciendo la latencia**, ofreciendo capacidad de respuesta en tiempo real.

  ○ Mantiene el tráfico más pesado y el procesamiento más cercano a la aplicación y los dispositivos del usuario final, reduce drásticamente la latencia y conduce a la toma de decisiones automatizada en tiempo real.

- **Conexiones ininterrumpidas.** *Edge computing* ofrece *edge data centers* (centros de datos *edge* locales) para el **almacenamiento** y procesamiento de los datos:

  ○ Las empresas pueden depender de una conectividad confiable para sus **aplicaciones de IIoT**, incluso cuando los servicios en la nube se ven afectados.

  ○ La informática perimetral permite que las aplicaciones de IIoT **usen menos ancho de banda y operen normalmente bajo conectividad limitada.**

- **Costes más bajos.** Las empresas pueden reducir sus costes considerablemente:
  - ○ Disminuyendo el ancho de banda requerido.
  - ○ Reemplazando los centros de datos con soluciones de dispositivos de borde.
  - ○ Reduciendo los requisitos de almacenamiento de datos.

Donde hay ventajas, hay riesgos, y la informática de borde no es una excepción. Por eso hay que tomar en cuenta las desventajas.

- **Complejidad.** Un sistema distribuido es mucho más complejo que una arquitectura de nube centralizada. Un entorno informático de borde es una combinación heterogénea de varios componentes de nuevas tecnologías, algunos de diferentes fabricantes, que se comunican entre sí a través de una variedad de interfaces.

- **Seguridad.** Los dispositivos IIoT a menudo transmiten información trivial, como la temperatura o la humedad. Los fabricantes han descuidado la implementación de fuertes medidas de seguridad en sus dispositivos, y algunos IoT son susceptibles a ataques maliciosos (denegación de servicio en su mayoría).

- **Infraestructura menos robusta.** Estos centros de datos no cuentan con la infraestructura total que sí podemos encontrar habitualmente en un centro de datos *core*, lo cual significa superar algunos desafíos técnicos.

— CURIOSIDADES —

El crecimiento de *edge computing* está dando un gran salto. En la actualidad, las empresas están procesando alrededor del 10% de sus datos fuera de un centro de datos tradicional o fuera de la nube. Pero, a lo largo de los próximos seis años, esta cifra llegará al 75%.

La combinación de 5G, IoT y *edge computing* sería transformadora tanto para los proveedores de servicios de comunicación como para sus clientes. La tecnología informática de borde se ha convertido en la principal área de inversión en la industria de las telecomunicaciones.

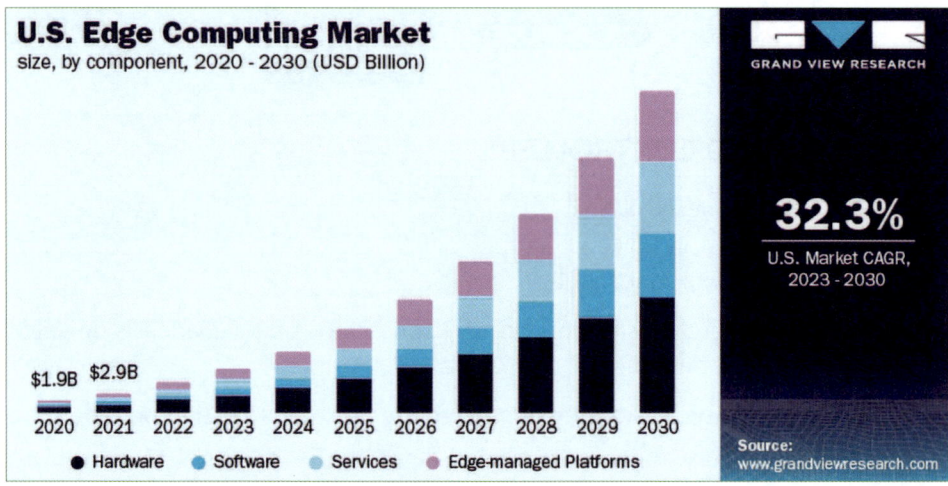

Figura 3.13 Crecimiento de *edge computing* entre 2020 y 2030.

La necesidad de procesar datos que emanan de dispositivos, como los sensores del Internet de las cosas industrial (IIoT), fuerza a adoptar *edge computing* entre:

- **Fabricantes.** Los dispositivos y sensores son parte fundamental de la industria, por lo que existe la necesidad de encontrar métodos de procesamiento más rápidos para los datos producidos.

- **Distribuidores.** Debido a la necesidad de digitalizar las operaciones, los distribuidores se ven obligados a innovar las experiencias de sus clientes. Con ese fin, estas empresas están «invirtiendo» en aumentar la potencia informática del comprador.

Beneficios del *edge computing* en las organizaciones industriales:

- Mantenimiento predictivo
  - ○ Reducción de costes
  - ○ Garantía de seguridad
  - ○ Extensión de producto a servicio (nuevas fuentes de ingresos)
- Gestión de eficiencia energética
  - ○ Menor consumo de energía

- ○ Menores costes de mantenimiento
- ○ Mayor fiabilidad
- ○ Fabricación inteligente
- Reemplazo flexible de dispositivo
  - ○ Ajustes flexibles al plan de producción
  - ○ Despliegue rápido de nuevos procesos y modelos

─────────── EJEMPLO 3.6 ───────────

Ejemplos de aplicaciones de *edge computing* en la industria agrícola.

Solución:

Los agricultores y las organizaciones ya usan drones para transmitir las condiciones climáticas y de campo a los equipos de riego. Otras aplicaciones pueden incluir monitorización y rastreo de ubicación de trabajadores, ganado y equipos para mejorar la productividad, la eficiencia y los costes.

Figura 3.14 Ejemplos de aplicaciones de *edge computing* en la industria agrícola.

─────────── EJEMPLO 3.7 ───────────

Ejemplos de aplicaciones de *edge computing* en la industria de la energía.

Solución:

Existen múltiples aplicaciones en este sector que podrían beneficiar tanto a los consumidores como a los proveedores. Por ejemplo, los medidores inteligentes ayudan a los propietarios a gestionar mejor el uso de energía, al tiempo que reducen la necesidad de los operadores de la red de leer manualmente los medidores. Del mismo modo, los sensores en las tuberías de agua pueden detectar fugas, al tiempo que proporcionan datos de consumo en tiempo real.

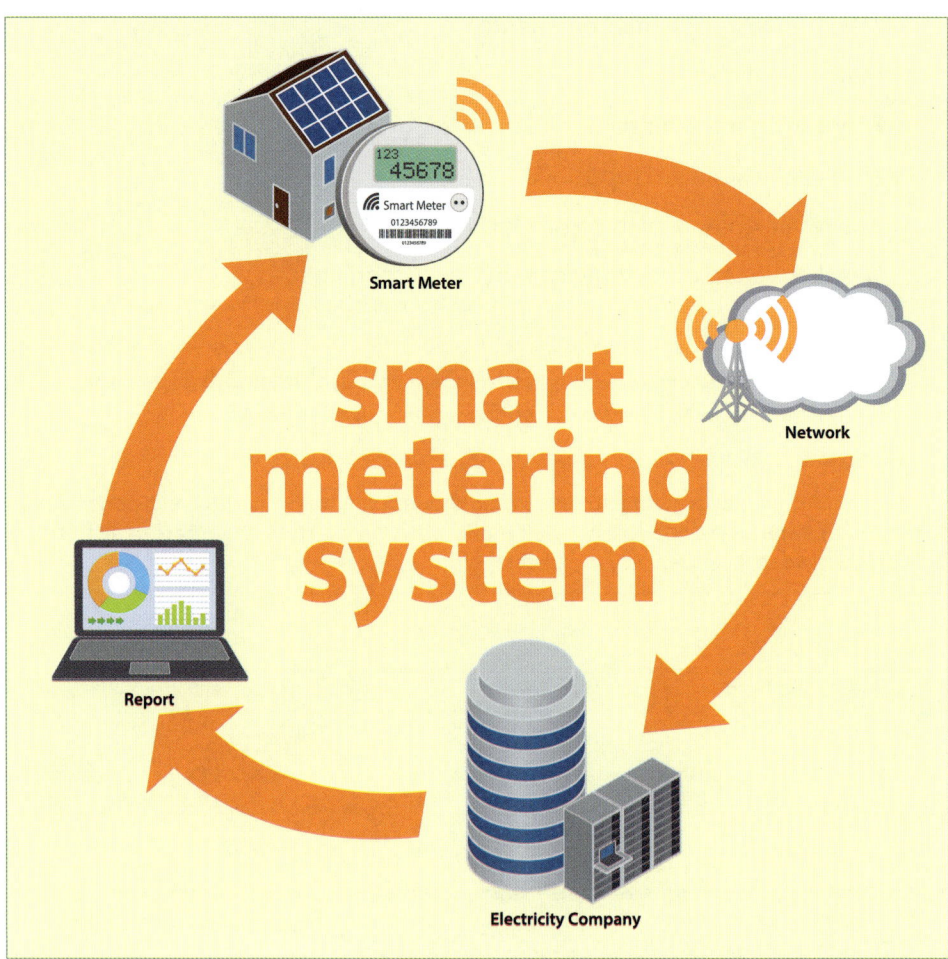

Figura 3.15 Ejemplo de aplicación de *edge computing* con medidores inteligentes.

──────────────── EJEMPLO 3.8 ────────────────

Ejemplos de aplicaciones de *edge computing* en los servicios financieros.

Solución:

Los bancos están adoptando cajeros automáticos interactivos que procesan datos rápidamente para proporcionar mejores experiencias al cliente. A nivel organizacional, los datos transaccionales pueden analizarse más rápidamente para detectar actividades fraudulentas.

3.5 *Fog* y *mist*. Relación con la nube

Fog computing es el concepto de una infraestructura de red que se extiende desde los bordes exteriores de donde se crean los datos hasta donde finalmente se almacenarán, ya sea en la nube o en el centro de datos de un cliente.

Fog computing proporciona el eslabón perdido sobre qué datos deben enviarse a la nube (*cloud*) y qué datos pueden analizarse localmente en el borde (*edge*).

La gran diferencia entre *fog* y *edge computing* está en dónde se produce ese procesamiento de los datos.

La actividad en *edge computing* se realiza en los propios dispositivos o en un dispositivo al que se conectan y que hace de puerta de enlace. Por su parte, *fog computing* traslada las actividades a los procesadores que están conectados a la LAN o al propio *hardware* de la LAN para que puedan estar físicamente más lejos de los sensores.

Figura 3.16
Arquitectura *fog computing* y su relación con *cloud* y *edge*.

La informática de niebla o *mist computing* es el extremo de una red y generalmente consta de microcontroladores y sensores. La informática de niebla utiliza microordenadores y microcontroladores para alimentar los nodos de *fog computing* y, potencialmente, avanzar hacia los servicios de informática centralizados (en la nube).

Los objetivos principales de la *mist computing* incluyen:

- Permitir la recolección de recursos mediante capacidades de informática y comunicación disponibles en el propio sensor.

- Permitir que se aprovisionen, implementen, gestionen y supervisen cálculos arbitrarios en el propio sensor.

GLOSARIO

Fog computing es una arquitectura informática descentralizada donde los datos, las comunicaciones, el almacenamiento y las aplicaciones se distribuyen entre la fuente de datos y la nube. Es decir, es una arquitectura horizontal que comparte recursos y servicios almacenados en cualquier lugar de la nube con dispositivos del Internet de las cosas.

GLOSARIO

Mist computing cubre el área informática que se realiza en dispositivos muy pequeños, distribuidos y extendidos, como, por ejemplo, sensores de humedad o temperatura. Estos dispositivos son demasiado pequeños para ejecutar un sistema operativo localmente. Generan datos y los envían a la red.

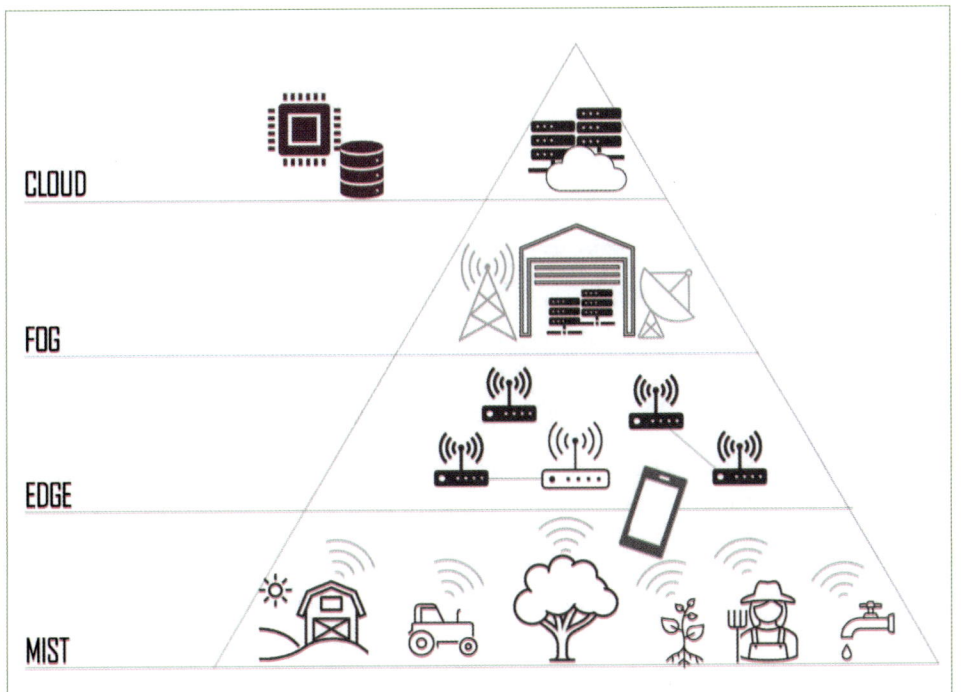
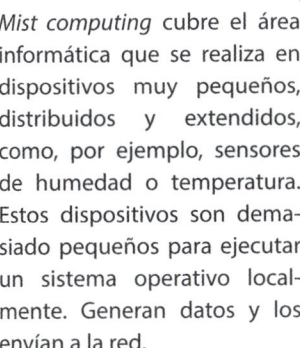

Figura 3.17 Arquitectura *mist computing* y su relación con *fog*, *cloud* y *edge*.

ACTIVIDAD PROPUESTA 3.5

Visione el vídeo de Podcast Industria 4.0 «La fábrica inteligente en la nube: agilizando procesos y reduciendo costes con *cloud computing*»

https://youtu.be/Tx3QbapIOsY

Indique qué es *edge computing* y *fog computing* y qué beneficios se están buscando.

3.6 Ventajas del uso de los recursos de la nube

Los servicios *cloud* ponen al alcance de las empresas las ventajas y funcionalidades de la tecnología que, de otra forma, no podrían permitirse. Los proveedores de estos servicios ofrecen escalabilidad y flexibilidad para adaptarse sobre la marcha (*pay as you go*) a sus necesidades. También permiten tener siempre disponibles y accesibles desde cualquier lugar sus aplicaciones. Todo esto con la posibilidad de contratar no solo la infraestructura o el *software*, sino también su mantenimiento. La siguiente tabla ilustra las ventajas e inconvenientes de este modelo.

Tabla 3.1 Ventajas e inconvenientes de los servicios en la nube.

VENTAJAS	
Ahorro de costes	Este ahorro se debe a la reducción de costes de infraestructura y su mantenimiento, licencias de uso, personal, etc. Se paga por uso de recursos.
Optimización de recursos	Los recursos (equipos, técnicos, etc.) se utilizan cuando se necesitan y se paga por este uso. Si se tiene un pico, se pagará más. Esto supone un ahorro en la infraestructura que se tendría que comprar si se quisiera cubrir esos picos.
Recuperación ante desastres	La información y las aplicaciones están almacenadas en la nube y en distintas ubicaciones. Si se produjera algún incidente grave, esa información seguiría siendo accesible.
Tecnología actualizada y segura	El proveedor del servicio en la nube es el encargado de realizar las tareas de mantenimiento, que son transparentes para el cliente.
Dedicación al negocio	Al reducir la carga de trabajo para la administración de los sistemas TIC, se puede dedicar mayor esfuerzo en la gestión del negocio.
INCONVENIENTES	
Pérdida de control	El cliente de servicios *cloud* no tiene acceso a las instalaciones donde se están ejecutando sus aplicaciones. Deja sus datos y aplicaciones en manos del proveedor. Debemos leer con detalle el contrato de suministro: ubicación, disponibilidad, responsabilidades, etc.
Confidencialidad y seguridad en los datos	La información de nuestra empresa (datos de clientes, facturas, etc.) va a estar almacenada en los servidores del proveedor y, en caso de que sufra un problema técnico o de seguridad, nuestra información puede verse comprometida.
Disponibilidad del servicio	La nube, como cualquier otro servicio, no está exenta de problemas y puede ocurrir que se caiga. Como consecuencia de ello, los servicios que ofrece podrían no estar disponibles.
Acceso a Internet	El acceso a las aplicaciones está condicionado a que tengamos acceso a Internet. Si no tenemos acceso por algún motivo, no tendremos acceso a las aplicaciones.

3.7 Uso de *cloud* y la rentabilidad de la empresa

El uso de la nube (*cloud*) en una empresa puede tener un impacto significativo en su rentabilidad y eficiencia operativa desde la perspectiva de externalizar sus necesidades tecnológicas. Se puede externalizar desde el correo electrónico hasta el alquiler de servidores y redes, pasando por el almacenamiento de información, aplicaciones empresariales de gestión y contabilidad, el *software* de gestión de las relaciones con los clientes (*customer relationship management,* CRM), el *software* de gestión de procesos empresariales o *enterprise resource planning* (ERP) y otras para compartir información con los socios comerciales, el alojamiento web, la tienda *online*, etc.; toda la actividad de la empresa puede subirse a la nube.

A continuación, se describen los pasos para ver si realmente una empresa se puede beneficiar de la nube y sus sistemas conectados.

3.7.1 Necesidades de la empresa

Se plantea si la empresa necesita alguna aplicación en la nube y el ahorro que supone frente a otras opciones, por ejemplo:

- Herramientas de oficina (procesador de textos, hoja de cálculo, presentaciones, etc.) o almacenamiento.

- Página web, un portal colaborativo, una red social interna.

- Sistema de correo electrónico, de gestión de clientes CRM o de productividad ERP.

- Soluciones de gestión de movilidad, servicios de seguridad.

- Herramientas de BI (inteligencia de negocio) y analítica predictiva.

Se puede valorar contratarlos en la nube, si esto supone ahorros en equipos, en compra de licencias *software* o en desarrollo.

Por otra parte, hay otros factores que pueden hacer que la empresa se decante por soluciones en la nube. Por ejemplo, si se estima que el número de usuarios va a tener grandes fluctuaciones, o se prevé que se incrementará rápidamente, se debería optar por una solución en la nube. Del mismo modo, resulta interesante optar por un servicio de *cloud computing* si los usuarios van a estar dispersos geográficamente o si la aplicación hace un uso intensivo de los recursos informáticos.

Figura 3.18 Intercambio de información y datos de la empresa con tecnología de nube.

3.7.2 Estudio de las ofertas de los distintos proveedores de servicios en la nube

Si se decide que las características de la empresa requieren una solución basada en *cloud computing,* el siguiente paso es estudiar las distintas opciones existentes en el mercado.

Por ejemplo, hay muchas empresas especializadas en servicios de *cloud hosting* que llevan años trabajando con esta tecnología, mientras que hay empresas de *hosting* tradicional que están empezando a ofertar distintos paquetes de funcionalidades en la nube.

Por otra parte, las grandes multinacionales de *software* como Microsoft, Amazon o Google disponen de una gran oferta de servicios en la nube que pueden ser aplicados rápidamente a las necesidades de la empresa.

3.7.3 Estudio de las cláusulas legales y términos de uso

Por supuesto, una de las claves que decidirá qué solución de *cloud computing* elegir, será el precio de los servicios. Sin embargo, no debe ser la única, ya que las consideraciones legales son igualmente importantes. La calidad de los servicios que se compromete a ofrecer el proveedor viene estipulada claramente en el contrato o los términos de uso. Del mismo modo, es necesario comprobar que el proveedor ofrece la seguridad que se necesita para el servicio y se encarga de cumplir las regulaciones legales establecidas por España o por la Unión Europea.

3.7.4 Utilización de mecanismos de migración

Lo más importante a la hora de utilizar los servicios en la nube es tener claro qué parte de los activos informáticos va a ser migrada. Conviene hacer un estudio de las implicaciones de migrar todos los datos y procesos a la nube.

Durante los primeros momentos de uso de *cloud computing*, una opción muy inteligente sería mantener los datos o procesos más sensibles bajo el estricto control de la empresa, mientras que las aplicaciones más pesadas, informáticamente hablando, migran a la nube. Una vez comprobado que la fórmula funciona, se podrá realizar una migración total a la nube. Todos los proveedores de servicios ofrecen mecanismos para facilitar la migración de los sistemas a la nube. Conviene realizar un estudio completo de estas funcionalidades antes de realizar la migración, para aprovecharse de sus posibilidades y reducir significativamente la complejidad de la tarea.

3.7.5 Continuidad de la actividad de la empresa

También se debe plantear qué pasa si el proveedor sufre un incidente grave que le impida seguir operando. Por eso se revisa si el plan de continuidad del proveedor cumple los requisitos de continuidad de la actividad de la empresa.

El proveedor debe permitir:

- Verificar de forma automática la integridad de sus datos en cualquier momento.

- Configurar los puntos objetivo de recuperación en sus copias de seguridad, es decir, los intervalos de las copias completas o el alcance de las copias incrementales para proteger los procesos más críticos.

- El acceso a un portal personalizado para la recuperación de ficheros, discos, sistemas o el sitio completo.

Es importante negociar los acuerdos de nivel de servicio (ANS) por adelantado verificando:

- La documentación y el alcance de las certificaciones que el proveedor pueda tener sobre continuidad de negocio (ISO 22301).

- Los compromisos que adquieren los proveedores para asegurar la continuidad del servicio externalizado, en particular si se tratan datos de carácter personal que puedan acarrear tratamientos específicos según la LOPD (medidas de seguridad AEPD).

- Que los proveedores cuentan con herramientas para restaurar los sistemas y con acuerdos con otros proveedores de plataformas, en el caso de que contrate infraestructura en *cloud* o IaaS.

Es necesario solicitar información puntual o periódica para comprobar:

- Que el proveedor tiene implantados los controles necesarios para mantener la continuidad de la actividad pactada de la empresa, incluso presencialmente.

- Los resultados de las pruebas pactadas de continuidad y recuperación (por ejemplo, restauración de *backups*) cuando se realicen.

- Los niveles de cumplimiento de los ANS.

Si el ANS no es negociable, es necesario contar con un plan de recuperación de desastres que facilite la migración en caso de que falle algún proveedor. Y, aunque estas precauciones son básicas, no hay que olvidar:

- Respaldar siempre la información contenida en la nube.

- Evitar la dependencia en exclusiva de un único proveedor de servicios *cloud* (PSC), también llamada *vendor lock-in,* revisando antes de la firma si ofrece herramientas o servicios para migrar grandes cantidades de datos.

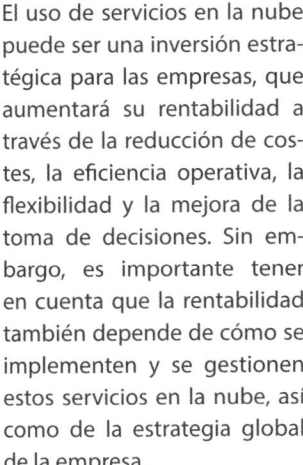

PARA RECORDAR

El uso de servicios en la nube puede ser una inversión estratégica para las empresas, que aumentará su rentabilidad a través de la reducción de costes, la eficiencia operativa, la flexibilidad y la mejora de la toma de decisiones. Sin embargo, es importante tener en cuenta que la rentabilidad también depende de cómo se implementen y se gestionen estos servicios en la nube, así como de la estrategia global de la empresa.

ACTIVIDAD PROPUESTA 3.6

Visione el vídeo de Podcast Industria 4.0 «La fábrica inteligente en la nube: agilizando procesos y reduciendo costes con el *cloud computing*»

https://youtu.be/lINsx1xsk2w

Identifique las ventajas y desventajas de la utilización de tecnologías asociadas a la nube en las empresas.

Reto profesional

Aplicación del Cloud: el chatbot del técnico en...

Breve descripción

La finalidad de este reto profesional es vivenciar el contexto del uso de la IA desde una aplicación Cloud: la generación de un chatbot para facilitar su profesión desarrollándolo mediante la tecnología de IBM® watsonx Assistant, una herramienta en línea de inteligencia artificial de la suite IBM Cloud.

El reto

En el reto, por equipos, se va a tratar de crear un chatbot para una empresa u organismo equiparado, relacionado con los profesionales con el título de Técnico en... que ejercen su actividad (que se puede identificar en el apartado primero del Artículo 7) y en el entorno profesional de cada Real Decreto por el que se establece el título. Para ello, se deberá usar la plataforma para chatbots IBM® watsonx Assistant y crear un servicio que pueda interactuar con el cliente.

Para realizar el reto profesional 3, acceda a www.marcombo.info y descargue gratis el contenido adicional.

Código: **MARCOMBO20**

Mapa conceptual

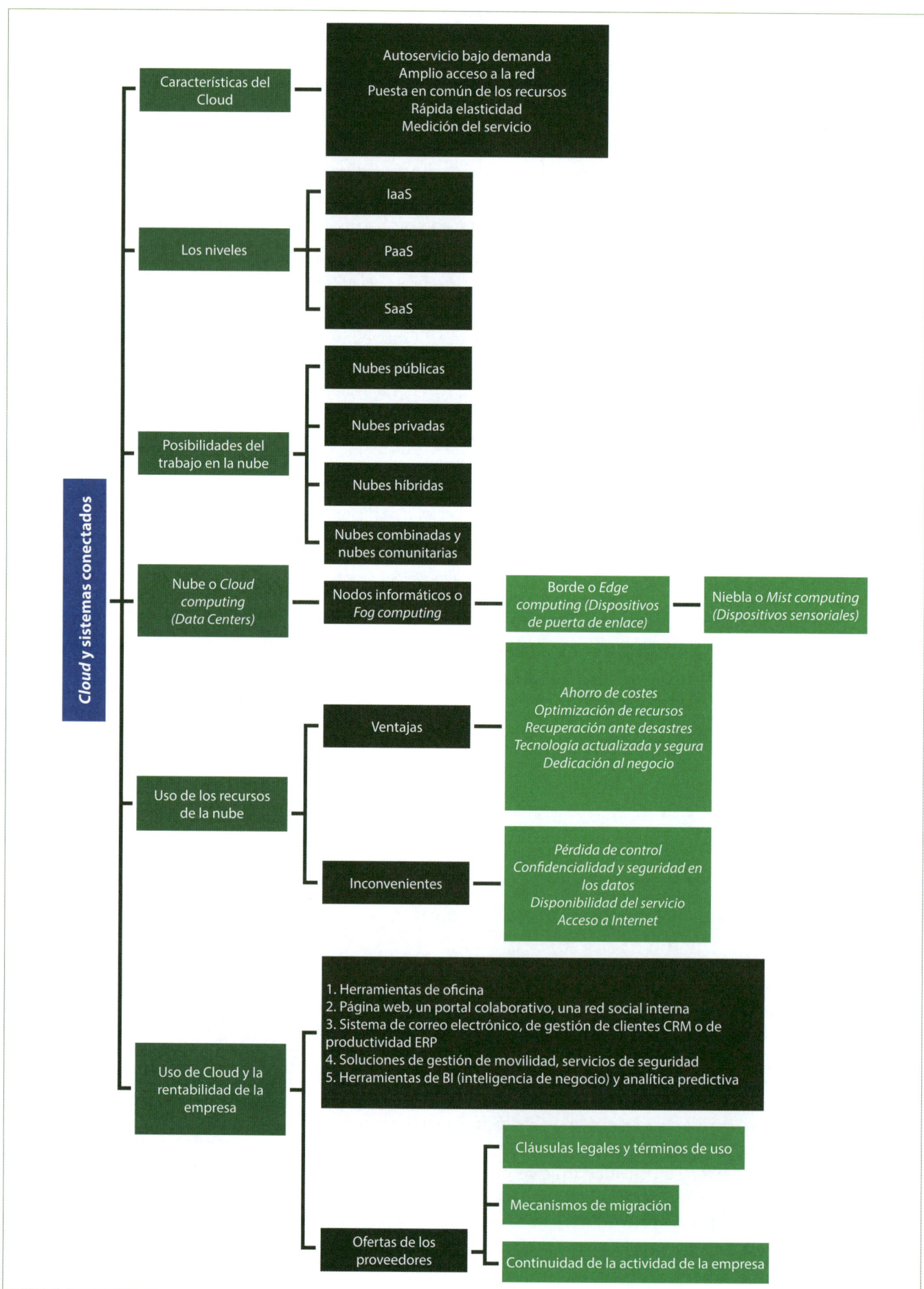

Figura 3.19 Mapa conceptual de la gestión de la producción.

1. ¿Cuál de las siguientes no es una solución que ofrece la *cloud computing*?

a) IaaS.

b) EaaS.

c) PaaS.

d) SaaS.

2. ¿Cuáles son los diferentes tipos de nube?

a) Nube pública, interna, abierta y externa.

b) Nube híbrida, nube cerrada, nube abierta.

c) Nube personal, nube de empresa, nube comunitaria.

d) Nube híbrida, pública, privada y comunitaria.

3. En una solución DBaaS, ¿qué tarea se dejará al equipo de desarrollo?

a) El diseño de la base de datos.

b) El mantenimiento del *software*.

c) El mantenimiento del *hardware*.

d) La administración del gestor.

4. Indique cuál es la respuesta correcta sobre las características del *cloud computing*:

a) Autoservicio bajo demanda.

b) Dificulta la elasticidad.

c) No hay control del servicio.

d) Los recursos informáticos del proveedor no son compartidos.

5. ¿En qué modelo el proveedor garantiza el sistema operativo, los lenguajes de programación, las librerías y herramientas, y los desarrolladores solo tienen que preocuparse por el código de la aplicación?

a) IaaS.

b) PaaS.

c) SaaS.

d) Todos las anteriores.

6. La información y las aplicaciones están almacenadas en la nube y en distintas ubicaciones. Si se produjera algún incidente grave, esa información seguiría estando accesible, lo que se corresponde con:

a) Dedicación al negocio.

b) Tecnología actualizada y segura.

c) Recuperación ante desastres.

d) Optimización de recursos.

7. La nube, como cualquier otro servicio, no está exenta de problemas y puede ocurrir que se caiga. Como consecuencia de ello, los servicios que ofrece podrían no estar disponibles, lo que se corresponde con:

a) Acceso a Internet.

b) Confidencialidad y seguridad en los datos.

c) Disponibilidad del servicio.

d) Pérdida de control.

8. El proveedor debe permitir:

a) Verificar de forma automática la integridad de sus datos en cualquier momento.

b) Las copias incrementales para proteger los procesos más críticos.

c) La recuperación de ficheros, discos, sistemas o el sitio completo.

d) Todas las anteriores.

9. ¿Cuál es aún un punto de preocupación en el despliegue de servicios en *cloud computing*?

a) La replicación y disponibilidad de los datos.

b) La seguridad de los datos.

c) La elasticidad para añadir/eliminar nodos de cómputo.

d) La calidad del servicio.

10. Una ventaja del uso de los recursos de la nube o *cloud computing* es:

a) La informática en la nube puede reducir costes a los clientes al disminuir las necesidades de adquisición de *hardware* avanzado.

b) Interdependencia de operadores de servicio de Internet.

c) Los datos del negocio no residen en la empresa.

d) La escalabilidad es a largo plazo.

ACTIVIDAD 1

De la guía de aproximación para el empresario, Cloud computing del INCIBE (Instituto Nacional de Ciberseguridad), identifique:

a) Las amenazas asociadas al uso del Cloud Computing que son necesarias tener en cuenta y gestionar en los sistemas conectados de la empresa.

b) Los riesgos asociados al uso del Cloud Computing que es necesario tener en cuenta y gestionar en los sistemas conectados de la empresa.

ACTIVIDAD 2

De la guía de aproximación para el empresario, Cloud computing del INCIBE (Instituto Nacional de Ciberseguridad), identifique:

a) Los pasos que se deberían seguir para dar el salto al uso del Cloud Computing, que son necesarios tener en cuenta y gestionar en los sistemas conectados de la empresa.

ACTIVIDAD 3

Realice una búsqueda de información en https://start.agritask.com/platform/crop-management/, de la solución de Cloud Computing que existe en el sector de la agricultura y que busca mejorar la planificación y gestión de los cultivos basada en datos recogidos sobre el terreno, como los sistemas de control del riego o plagas, y orientada a la gestión del negocio, en el que se encuentran sistemas de información de apoyo en la toma de decisiones.

ACTIVIDAD 4

Realice una búsqueda de información en https://www.ibm.com/products/satellite? e indique cuáles son los servicios destacados del IBM Cloud.

ACTIVIDAD 5

Realice una búsqueda de información en https://es.digi.com/blog/post/10-ways-iot-edge-computing-transforms-business e indicque cuáles son las ventajas del modelo Edge Computing de IoT y cómo puede ayudar a su empresa a mejorar y automatizar sus operaciones.

U 4

Características de los sistemas de producción

En esta unidad va a estudiar:

- Tecnologías habilitadoras (THD) actuales: características y usos del Internet de las cosas (IoT). IA. Big Data y tratamiento de datos. Tecnología 5G. Robótica colaborativa (cobótica). Blockchain. Ciberseguridad. Fabricación aditiva. Realidades inmersivas: RV (realidad virtual) y RM, entre otras. Gemelos digitales.

- Relación entre THD y productividad.

- Implantación de las tecnologías habilitadoras: relación con la reducción de costes y la mejora de la competitividad.

- Sistemas digitalizados reales. Ejemplos.

- Sistemas de almacenamiento de datos no convencionales.

Con su estudio, va a ser capaz de:

- Identificar las THD que definen un sistema digitalizado.

- Describir las características y aplicaciones de las THD.

- Describir la contribución de las THD a la mejora de la productividad y la eficiencia de los sistemas productivos o de prestación de servicios.

- Relacionar la alineación entre las unidades funcionales de las empresas que conforman el sistema y el objetivo del mismo.

- Relacionar la implantación de las THD con la reducción de costes y la mejora de la competitividad.

- Relacionar las tecnologías disruptivas con aplicaciones concretas en los sectores productivos.

- Definir los sistemas de almacenamiento de datos no convencionales y el acceso a los mismos desde cada unidad.

- Describir las mejoras producidas en el sistema y en cada una de sus etapas.

4.1 Introducción

Las tecnologías habilitadoras permiten reunir y analizar datos entre máquinas, lo cual agiliza los procesos, y que, además, sean más flexibles y eficientes, lo que redunda en una producción de bienes de más calidad y menor coste, mejora la productividad, cambia la economía, fomenta el crecimiento industrial y modifica el perfil de los equipos de trabajo, mejorando enormemente la competitividad de las empresas y sus entornos socioeconómicos y cambiando las relaciones entre proveedores, productores y clientes, y entre humanos y máquinas.

En esta unidad se van a comparar los sistemas de producción/prestación de servicios digitalizados con los sistemas clásicos, identificando las mejoras introducidas.

4.2 Tecnologías habilitadoras actuales

Las empresas están cambiando a nivel mundial a un ritmo constante y considerable, y la tendencia es que estén totalmente transformadas en sistemas digitalizados. Una porción relevante de los productos y servicios que estarán disponibles en el mercado se basarán en lo que se denominan tecnologías habilitadoras o KET (*key enabling technologies*), como ya se viene observando en la actualidad.

Las tecnologías habilitadoras son tecnologías intensivas en conocimiento, que han sido identificadas como inductoras de innovaciones en diversos sectores económicos, y que potencialmente podrían provocar muchos cambios en la economía y la sociedad en los próximos años. Se caracterizan por un alto grado de I+D (en ciencia, tecnología o ingeniería), ciclos de innovación rápidos, una alta inversión de capital (infraestructura, equipamiento, o personal de I+D), y por combinar innovaciones físicas y digitales.

Las tecnologías habilitadoras están en continua revisión a medida que la ciencia y la tecnología van avanzando. Se han identificado muchas tecnologías habilitadoras, agrupadas bajo las siguientes grandes categorías: el Internet de las cosas o IoT, inteligencia artificial, Big Data y tratamiento de datos, tecnología 5G, robótica colaborativa (cobótica), Blockchain, ciberseguridad, fabricación aditiva, realidades inmersivas, gemelos digitales, Machine Learning, integración horizontal y vertical, y automatización y robotización. Son tecnologías con un gran potencial transformador, que facilitarán el desarrollo de nuevos bienes y servicios y la reestructuración de los procesos industriales necesarios para modernizar la industria y favorecer la transición hacia una nueva economía, basada en el conocimiento, eficiente y medioambientalmente sostenible.

Figura 4.1 Las 12 tecnologías habilitadoras dentro del marco de la Industria 4.0.

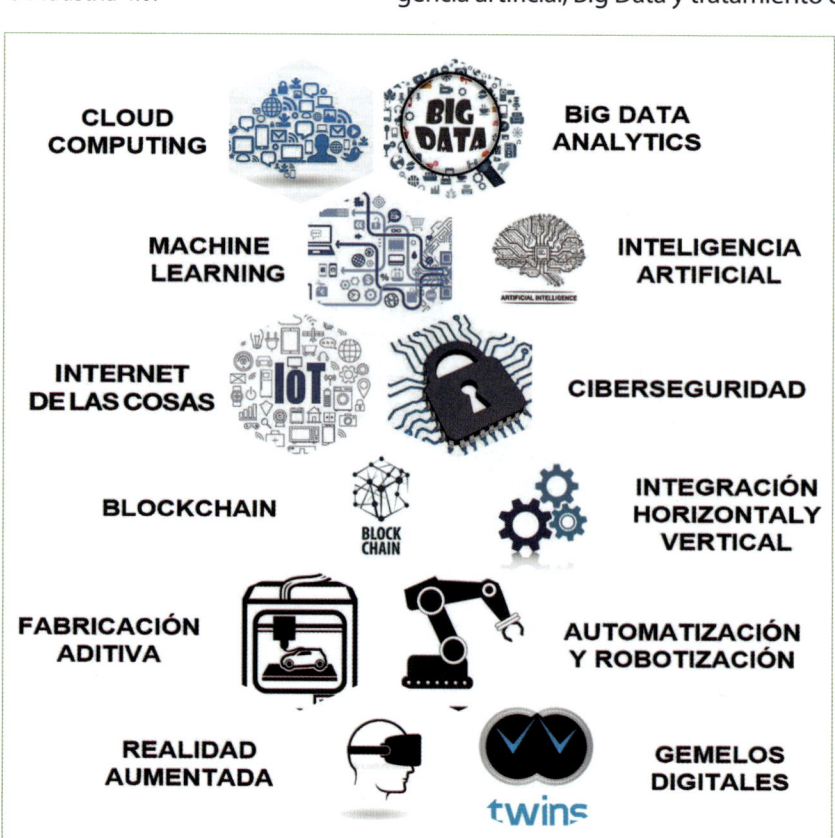

PARA SABER MÁS

Visione la píldora formativa: «Síntesis de los habilitadores tecnológicos asociados al paradigma Industria 4.0»

https://youtu.be/-AGA5mtpnMl

4.2.1 Características y usos del Internet de las cosas

Así, el IoT conecta el mundo físico de la empresa (dispositivos móviles a máquinas en línea de producción, sistemas de refrigeración y climatización, herramientas, etc.) con Internet para usar los datos de los dispositivos e **incrementar la productividad y la eficiencia, automatizando tareas de forma inteligente**. En definitiva, los sistemas ciberfísicos están conectados entre sí y, a su vez, conectados con la red global gracias al paradigma IoT.

IoT también incluye el concepto de la optimización de recursos naturales, para reducir el gasto económico, disminuir el esfuerzo humano y contribuir al bienestar.

Características del IoT:

- **Conectividad.** Los dispositivos deben conectarse a la red para poder interrelacionarse con los usuarios y otros dispositivos o sistemas. Para ello, utilizan principalmente conexiones WiFi (aunque también es posible que utilicen otros tipos de acceso como Ethernet o Bluetooth, o datos móviles [3G, 4G y la nueva tecnología que viene, 5G] o conectividad máquina a máquina [M2M]). Cada dispositivo dispondrá de su propia IP específica, mediante la cual puede recibir instrucciones y enviar y recibir datos.

- **Sensibilidad.** A través de los sensores, los dispositivos pueden detectar movimiento, temperaturas y otros parámetros.

- **Interacción.** IoT utiliza una interfaz y sistemas de comunicación y gestión que permiten establecer la relación eficiente entre las personas, los dispositivos y el mundo físico.

- **Seguridad.** Los equipos o dispositivos están conectados a la red transmitiendo y recibiendo datos, por lo que deben disponer de medios de seguridad que protejan y garanticen la integridad y la privacidad de los mismos.

Aplicaciones y usos de IoT en distintos ámbitos y sectores.

- En los **hogares** aún no se ha generalizado, aunque empiezan a utilizarse en calefactores con acceso remoto, que detectan la temperatura exterior y ajustan la interior, en robots de limpieza que automatizan las tareas de barrer y fregar los suelos o en dispositivos de audio que acceden a Internet para poner las canciones favoritas (incluso admiten peticiones).

- **El control de infraestructuras urbanas** lleva tiempo haciendo uso del IoT, por ejemplo, en el control inteligente de semáforos, el acceso a puentes, y muchas otras actividades de control para beneficiar a la población (*smart cities*).

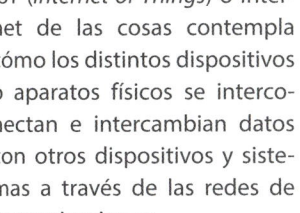

> **GLOSARIO**
>
> IoT (*Internet of Things*) o Internet de las cosas contempla cómo los distintos dispositivos o aparatos físicos se interconectan e intercambian datos con otros dispositivos y sistemas a través de las redes de comunicaciones.

Figura 4.2 Aplicación del IoT en transporte inteligente.

- **La industria** es otro de los sectores donde se hace uso del IoT industrial (IIoT) para controlar cada etapa de fabricación de productos o componentes, realizando:

  ○ Gestión y monitorización automatizada y remota de los equipos.

  ○ Mantenimiento predictivo.

  ○ Aplicación de mejoras más rápida; puede acceder a datos y analizarlos de forma más rápida y automática y realizar los ajustes necesarios en los procesos de manera remota.

  ○ Inventarios a punto.

  ○ Control de calidad.

  ○ Optimización de la cadena de suministro.

  ○ Mejora en la seguridad en planta.

- El **sector de la salud** también apuesta cada vez más por IoT con dispositivos médicos que cuentan con *software* asociado, sensores y conexión a Internet, y que permiten mejorar la vida de los pacientes y la labor de los profesionales de la salud.

Amplíe la figura aquí

Figura 4.3 Aplicaciones de IoT.

─── EJEMPLO 4.1 ───

Muestre algunas de las aplicaciones más populares del Internet de las cosas en el campo de la domótica.

Solución:

Ejemplos de Iot relacionados con la domótica:

1. Mango Mirror, el espejo inteligente.

2. Seguridad en el hogar.

3. Limpieza en el hogar con Roomba.

4. Frigoríficos conectados.

En el siguiente vídeo se muestran ejemplos de hasta dónde puede llegar el IoT en el hogar:

https://youtu.be/VTs5y1QlEtk

4.2.2 Características y usos de la inteligencia artificial

— **PARA SABER MÁS** —

Visione la píldora formativa: «Internet de las cosas: sensores, sistemas embebidos y vestibles como fuente del dato»

https://youtu.be/vYXH2WLFD dM?list=PLapjNZJIttkvS2G7j8 elgmud3gXhsdM9z

Figura 4.4 Androide usando inteligencia artificial en un almacén.

— GLOSARIO —

La inteligencia artificial (*artificial intelligence*, o AI) es la habilidad de una máquina de presentar las mismas capacidades que los seres humanos, como el razonamiento, el aprendizaje, la creatividad y la capacidad de planear.

El concepto de la inteligencia artificial es todavía difuso. En líneas generales, podría referirse al intento de construir un **sistema informático que reproduzca e incluso trascienda las labores de pensamiento del cerebro humano**, con su mismo margen de autonomía, individualidad y creatividad, pero sacando provecho a las ventajas del cómputo veloz y masivo de los ordenadores.

Este concepto **suele abarcar los aspectos racionales y lógicos del pensamiento**, pero lo tiene difícil frente a conceptos de otra naturaleza como el amor, el compromiso o la moral.

Características de la inteligencia artificial

1. **Eliminación de tareas monótonas.** Implica que un sistema de IA continúe haciendo la tarea tal y como se le ordenó, sin importar las veces que deba hacerlo. Ello conduce, además, a minimizar los errores y los costes humanos.

2. **Manejo de una gran cantidad de datos.** Los sistemas IA gestionan grandes cantidades de datos. Las empresas tienen enormes cantidades de datos para analizar, los cuales pueden manejarse gracias a estos sistemas. Sumado a ello, se almacena información de múltiples fuentes.

3. **Imitación de la cognición humana.** Mediante estos sistemas se imita la forma en que la mente humana piensa y solventa problemas. De modo que se hacen inferencias, se interpreta el entorno y se toman decisiones. Es posible que no todo pueda ser idéntico; sin embargo, los desarrolladores y científicos trabajan arduamente para alcanzar plenamente esta particularidad.

4. **Son futuristas.** Los negocios que emplean la IA pueden contar con la percepción del entorno para encontrar oportunidades. Por ejemplo, un vehículo autónomo registra la velocidad de los coches cercanos e intenta ejecutar patrones similares a los encontrados en el tráfico. Mediante tecnologías como el aprendizaje automático, se pueden introducir datos en algoritmos y obtener determinado objetivo en varios escenarios.

Aplicaciones y usos de la inteligencia artificial

Toda industria tiene una alta demanda de recursos de IA, en especial sistemas de respuesta a preguntas que se puedan utilizar para asistencia legal, búsquedas de pacientes, notificación de riesgo e investigación médica. Otros usos de la inteligencia artificial incluyen:

- **Atención a la salud.** Las aplicaciones de IA pueden proporcionar lecturas personalizadas de medicina y rayos X. Los asistentes personales de atención a la salud pueden actuar como asesores, recordándole tomar sus pastillas, hacer ejercicio o comer más sano.

- **Retail.** La IA proporciona recursos para compras virtuales, que ofrecen recomendaciones personalizadas y analizan opciones de compra con el consumidor. Las tecnologías de gestión de inventario y disposición de sitios también se verán mejoradas con la IA.

- **Automatización industrial.** La IA puede analizar datos de IoT de fábrica cuando estos se transmiten desde el equipo conectado para pronosticar carga y demanda esperadas, automatizar tareas, personalizar el pedido del cliente, y optimizar la cadena de suministro y mejorar la eficiencia en general.

- **Bancos.** La IA mejora la velocidad, la precisión y la efectividad de los esfuerzos humanos. En las instituciones financieras, se pueden emplear técnicas de IA para identificar qué transacciones tienen la probabilidad de ser fraudulentas, adoptar evaluación de crédito rápida y precisa, así como también automatizar de forma manual tareas de gestión de datos intensas.

La inteligencia artificial no está aquí para reemplazar al trabajador. Ella aumenta nuestras habilidades y nos hace mejores. Porque los algoritmos de inteligencia artificial aprenden de forma diferente que los humanos; observan las cosas de manera diferente. Pueden ver relaciones y patrones que se le escapan al profesional.

—————————————— EJEMPLO 4.2 ——————————————

Ejemplos de *apps* gratuitas de inteligencia artificial que se pueden usar.

Solución:

Las más importantes son: ChatGPT Writer, Craiyon, ChatPDF, Jenni, MyHeritage, Sheetplus, SlidesAI.io, Transcribeme.app, etc.

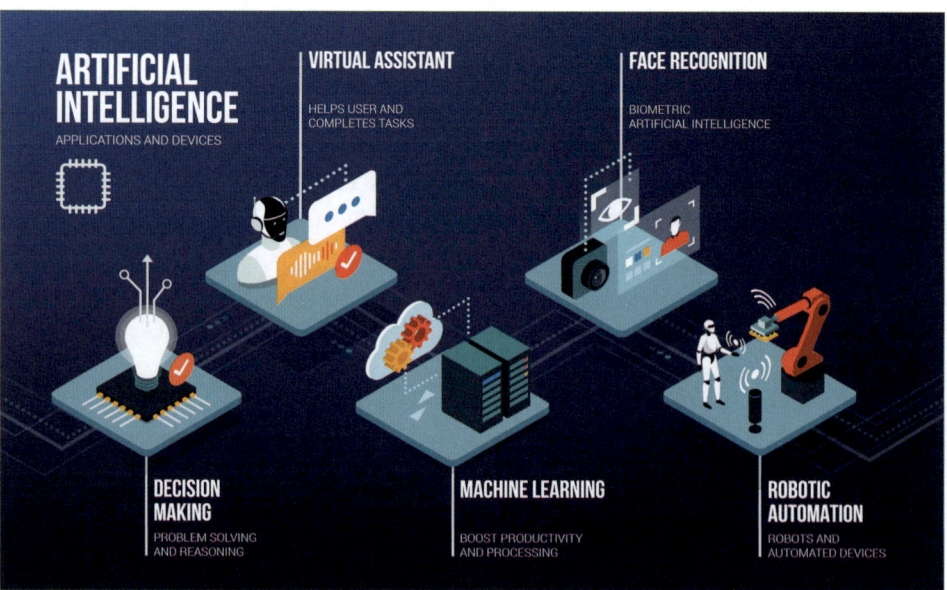

Figura 4.5 Inteligencia artificial y automatización.

Ejemplo de una aplicación para facilitar la planificación industrial con IA.

Solución:

En este vídeo se muestra cómo facilitar la planificación de espacios industriales como fábricas o almacenes, que es un proceso largo y complejo, con NVIDIA Omniverse y la IA generativa como una extensión de almacenamiento para una fábrica existente.

https://youtu.be/cIzJj7PTqPY

— ACTIVIDAD PROPUESTA 4.1 —

Realice una búsqueda de información sobre algunas de las aplicaciones de la IA en los siguientes sectores: transporte, RR.HH. , turismo, Telco.

4.2.3 Características y usos del Big Data y tratamiento de datos

Con la llegada de los dispositivos IoT, es posible recuperar datos de prácticamente cualquier máquina. En el campo logístico y productivo, es posible analizar datos de las máquinas que llevan a cabo las tareas industriales para determinar su eficiencia cuando están fallando u optimizar su funcionamiento. Estas grandes cantidades de datos que se producen en estos campos y otros muchos, sumadas a su heterogeneidad y a la velocidad con que se generan, hacen que las herramientas tradicionales de análisis de datos no resulten adecuadas para su recopilación, almacenamiento, gestión y análisis. En este contexto surge el término Big Data.

En general, se habla de **Big Data o análisis de Big Data** como sinónimos, ya que no solo se desea hacer referencia a la gran cantidad y complejidad de los datos, sino también a las herramientas utilizadas para procesarlos y extraer conocimiento útil.

Un diseño eficiente de una arquitectura de Big Data en un entorno productivo sería capaz de realizar las siguientes funciones:

- **Procesamiento de datos en tiempo real** para determinar la eficiencia de procesos industriales.

- **Mezcla de datos generados** por procesos por lotes (por ejemplo, datos de un ERP o CRM) con datos generados en tiempo real para realizar **análisis financieros**.

- **Generación de cuadros de mando** que se actualicen a medida que los datos sean generados y procesados.

- **Análisis de incidencias** que permitan generar planes de mantenimiento predictivo a partir de datos generados por dispositivos IoT.

- **Optimización de procesos** como, por ejemplo, optimización de rutas o reasignación de recursos con tiempos de respuesta casi inmediatos.

Figura 4.6 Análisis de Big Data para la fábrica inteligente. INDUSTRIA 4.0.

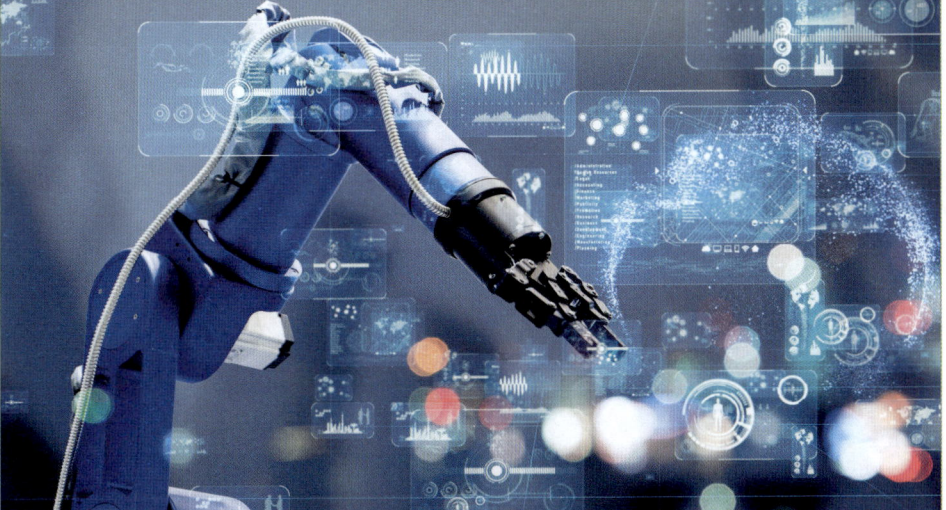

• **Análisis de tendencias y generación de recomendaciones** a partir de la operativa habitual.

Figura 4.7 Las 10 V de Big Data.

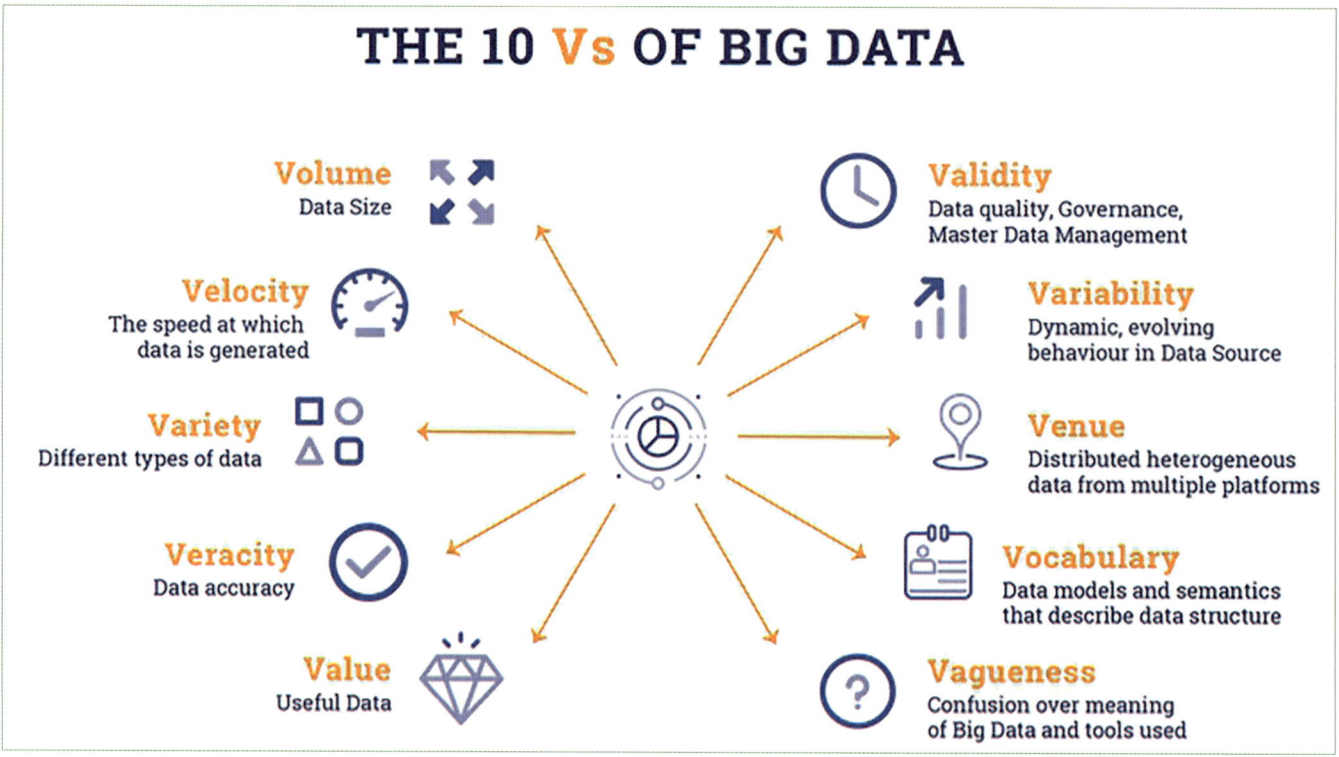

Big Data puede definirse a partir de las siguientes características:

• **Volumen.** La cantidad de datos creados, procesados y almacenados. Además, es la característica más importante y la que determina si un conjunto de datos puede ser llamado Big Data o no; se superan los terabytes y los petabytes de datos.

• **Velocidad.** Referido a la velocidad de generación de los datos o a la rapidez con la que se generan y se procesan los datos.

• **Variedad.** Distintos tipos de datos provenientes de diversas fuentes que pueden organizarse tanto en forma estructurada como no estructurada.

• **Variabilidad.** Referido a la inconsistencia que pueden presentar los datos en ocasiones, dificultando las tareas de análisis.

• **Veracidad.** Los datos verdaderos o fiables se refieren a la calidad y al valor de los mismos. En términos de Big Data no solo deben ser enormes, sino también fiables en el análisis para obtener valor significativo.

• **Validez.** Se refiere a la limpieza que tienen los datos, a cuán precisos y correctos son para su uso. El beneficio del análisis de Big Data es tan bueno como sus datos subyacentes, por lo que se deben adoptar buenas prácticas de gobernanza de datos para garantizar una calidad de datos coherente, definiciones comunes y metadatos.

• **Vulnerabilidad.** Toda preocupación de seguridad respecto a los datos. Se han dado muchos casos de hackeo y violación de macrodatos para posteriores actividades ilegales.

• **Volatilidad.** El tiempo que deben conservarse los datos; debido a la velocidad y el volumen de los macrodatos, su volatilidad debe considerarse cuidadosamente. Ahora hay que establecer reglas para la disponibilidad y la vigencia de estos datos, así como para garantizar una recuperación rápida de la información cuando sea necesario.

- **Visualización.** Convertir cientos de hojas de información en un único gráfico que muestre claramente unas conclusiones predictivas es un ejemplo de cómo mostrar los resultados de forma clara y sencilla en un evidente ejercicio de sintetización.

- **Valor de la información.** Puede conseguirse procesando y analizando volúmenes masivos de datos. Gracias a la posibilidad de tomar decisiones al responder preguntas que antes no era posible responder, ofrece a la organización una ventaja estratégica.

Los usos de Big Data son diversos y abarcan casi todos los ámbitos de la vida diaria:

- Ofrecer una experiencia de compra personalizada en el e-Commerce.

- Disponer de múltiples modelos eficientes del mercado financiero.

- Proveer de miles de millones de datos para acelerar la investigación sobre el cáncer y demás enfermedades.

- Puede sugerir al usuario contenido a través de medios de servicios de *streaming* como Spotify, Hulu y Netflix.

- Predicción de rendimientos agrícolas en grandes plantaciones.

- Puede analizar patrones de tráfico para reducir la congestión de las grandes ciudades.

- Sirve como una herramienta de datos para reconocer y dar la mejor ubicación de los patrones de compra al por menor de los consumidores de una marca o un producto.

- Los equipos deportivos usan Big Data para mejorar su eficacia y aumentar su valor.

- Puede centrarse en la identificación de patrones educativos en individuos, escuelas y distritos escolares completos.

— PARA SABER MÁS —

Visite la píldora formativa del canal ComputerHoy.com: «¿Qué es el Big Data y cómo funciona?».

https://youtu.be/eXMaoSEYrso

4.2.4 Características y usos de la tecnología 5G

Las redes de conectividad 5G tienen la capacidad de permitir un gran número de conexiones simultáneas, además de mejorar la velocidad, latencia, confiabilidad y consumo energético para todo tipo de dispositivos y sistemas IoT. Las tecnologías 5G se caracterizan por 8 especificaciones:

- Una **velocidad** de datos de hasta 10 Gbps -> 10 a 100 veces mejor que las redes 4G y 4.5 G.

- La **latencia** de 1 milisegundo.

- **Banda ancha** 1000 veces más rápida por unidad de área.

- **Conexiones simultáneas**, hasta 100 dispositivos más conectados por unidad de área (en comparación con las redes 4G LTE).

- **Disponibilidad** del 99.999 %.

- **Cobertura** del 100 %.

- **Reducción** del 90 % en el **consumo energético** de la red.

- Hasta 10 años de **duración de la batería en dispositivos** IoT (Internet de las cosas) de bajo consumo.

Las conexiones industriales 5G. Un elemento clave en la Industria 4.0 es la conectividad. Las opciones de conectividad actuales en las fábricas tienen algunas limitaciones que dificultan la implementación de este concepto. Las redes WiFi suelen presentar problemas de interferencias, especialmente en entornos de alta densidad, y las conexiones fijas son costosas de instalar y difíciles de escalar en grandes entornos manufactureros. Por ello, las redes 5G son una alternativa confiable que permitirá la comunicación básica para muchas aplicaciones de Industria 4.0, como el control inalámbrico de máquinas y robots.

En general, se puede afirmar que 5G genera valor en los siguientes tres tipos de aplicaciones:

- **Banda ancha móvil mejorada** (*enhanced mobile broadband*, eMBB), que proporciona altas velocidades de datos (superiores a 10 GB/s) en áreas de cobertura extensas para mejorar diversos servicios como el *streaming* de vídeo ultra-HD y las aplicaciones de realidad virtual.

- **Comunicación ultrafiable con muy baja latencia** (del orden de 1 ms) (*ultra reliable low latency*, URLL), que aumenta la velocidad y calidad del servicio en sus funciones críticas, como el control de robots y drones, la cirugía remota o los coches autónomos.

- **Comunicación masiva máquina a máquina** (*massive machine type communications*, mMTC), que incluye la generación, transmisión y procesamiento automático de datos en diversas máquinas sin intervención de las personas, como el seguimiento de mercancías en una cadena de suministro.

**Amplíe
la figura aquí**

Figura 4.8 5G en la automatización de la industria.

EJEMPLO 4.4

Ejemplo del impacto de 5G en los procesos de fabricación de la Industria 4.0.

Solución:

En este vídeo se muestra la fábrica inteligente 5G de EE. UU. en Lewisville, Texas, y el potencial del 5G con Industria 4.0 para permitir la automatización inteligente y aprovechar los datos en tiempo real en todas las operaciones.

https://youtu.be/DXIKfG4CXT0

ACTIVIDAD PROPUESTA 4.2

Realice una búsqueda de información, identificando los diferentes sectores productivos en los que tiene impacto la tecnología 5G, visionando la charla sobre digitalización del Observatorio Vodafone de la empresa que encontrará en el siguiente enlace:

https://youtu.be/0u3BeTI3Gtg

4.2.5 Características y usos de la robótica colaborativa (cobótica)

La robótica colaborativa está pensada como una herramienta para los operarios de un proceso productivo, de forma que dejen de hacer tareas repetitivas para aportar más a la producción a través de tareas de mayor valor añadido.

Su principal característica es la capacidad de relacionarse con las personas de una forma amigable. Esto se consigue con dos características: el robot debe ser intuitivo en su programación y sensitivo en su interacción física con los humanos.

Con este concepto, la robótica colaborativa permite flexibilizar la automatización de un proceso a la vez que mejora las condiciones ergonómicas del mismo, en caso de interacción con un humano.

Las características del robot colaborativo son:

- **Intuitivo,** para que resulte fácil configurarlo y trabajar con él.

- **Sensitivo,** para eliminar daños en las personas en caso de contacto físico.

- **Seguro,** ya que permite asignarle tareas poco ergonómicas, monótonas, reduciendo así las lesiones.

- **De rápida instalación,** reduciendo el tiempo necesario para su puesta en funcionamiento.

- **Flexible;** se reasignan fácilmente a múltiples aplicaciones.

CURIOSIDADES

La robótica colaborativa es una evolución de la robótica tradicional. Los robots colaborativos, también conocidos como cobots, llevan existiendo desde la década de 1990. Gracias a los avances en tecnología y a la miniaturización de componentes, ha nacido una nueva era en la automatización industrial.

Figura 4.9 Robots manipuladores en una fábrica.

Los robots manipuladores son aptos para un gran número de procesos, siendo los más habituales los siguientes:

- Manipulación de piezas

- Alimentación de máquinas

- Pulido y desbarbado

- Pegado, dispensado y soldadura

- Seguimiento de trayectorias

- Montaje

- *Pick&place*

- Empaquetado y paletizado

Figura 4.10 Cobots ejecutando una nanocirugía compleja.

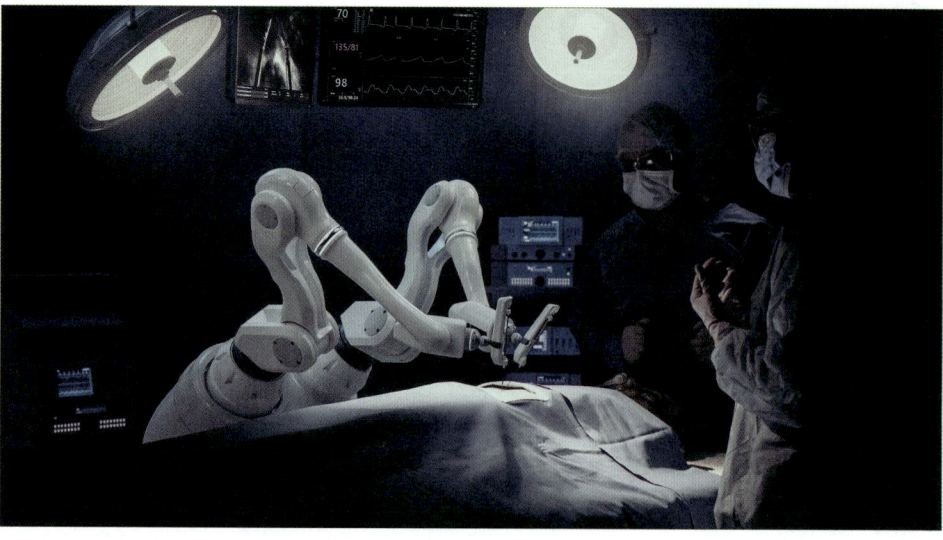

─ PARA SABER MÁS ─

Visione en el canal de Universal Robots España «Cómo el laboratorio RNB Cosméticos ha integrado en su planta de envasado y acondicionado seis brazos robóticos UR10 de Universal Robots que efectúan tareas de paletizado en el final de línea».

https://youtu.be/EqKbfC8vXyY

─ GLOSARIO ─

Blockchain está constituido por un conjunto de **bases de datos distribuidas que crean un registro compartido e invariable de cada transacción asociada con un activo** y una cadena inquebrantable de confianza desde el origen hasta el consumidor. **Cada registro tiene una marca de tiempo** y se adjunta al evento precedente.

4.2.6 Características y usos del Blockchain

Figura 4.11 Tecnología Blockchain. Portátil conectado a una red de nodos distribuidos para uso de transacciones y certificados.

Las cadenas de bloques son ideales para gestionar procesos entre empresas y tienen el potencial para generar avances en tres ámbitos: **visibilidad, eficiencia** y **confianza**.

Características clave de la tecnología Blockchain:

- **No puede ser corrompida.** Los datos que en ella se almacenan son inmutables. Es decir, una vez la información se introduce en la cadena, no puede ser alterada ni modificada.

- **Tecnología descentralizada.** Es un sistema descentralizado que permite la interconexión global de todos los usuarios. Por lo tanto, los datos son compartidos en una red que se replica en cada uno de los ordenadores de las personas que acceden a dicho sistema.

- **Seguridad mejorada.** Se trata de una red de nodos distribuidos y conectados entre sí, en los cuales se registra la información protegida criptográficamente. En cada nodo queda traza de la información introducida. Es decir, se genera una copia de dicha información, por lo que es prácticamente imposible falsificar los datos que quedan en esas cadenas. Además, todos los componentes que forman la red validan constantemente el resto de bloques.

─ PARA SABER MÁS ─

Visione la píldora formativa en el canal de PlayGround: «Qué es Blockchain y cuál es la función de esta nueva tecnología».

https://youtu.be/Yn8WGaO__ak

- **Registros distribuidos.** Por lo general, un registro público proporcionará toda la información sobre una transacción y el participante. Todo está a la vista y no hay dónde esconderse. Aunque en el caso de Blockchain privada o federada es un poco diferente. Pero, aun así, en esos casos muchas personas pueden ver lo que realmente sucede en el registro.

- **Consenso.** Cuando se realiza una operación, se valida mediante un protocolo de consenso, incluso antes de que se registre una operación y se reparta entre los nodos, se valida mediante una red de confianza mundial. Los datos almacenados dentro de Blockchain son de acceso público y, por lo tanto, no están cifrados.

- **Acuerdos más rápidos.**

La tecnología de Blockchain va más allá de la propia gestión de criptomonedas, y puede ser utilizada en otros muchos procesos de negocio, no solamente en el ámbito financiero; los sectores con mayor proyección de uso son:

- **Sector logístico.** A través de cuatro categorías: comercio internacional, transporte terrestre de mercancías, trazabilidad de producto y reparto de última milla. Tiene la capacidad de cambiar la manera en que la industria logística ejecuta sus intercambios comerciales.

- **Sector energético.** Aumentando la eficiencia operativa, ampliando la visibilidad y agilizando el cumplimiento de las obligaciones de presentación de información.

- **Sector sanitario.** Obteniendo historiales clínicos controlados y únicos, confidencialidad de los pacientes, nuevos conocimientos, control de medicamentos, etc.

- **Sector alimentario.** Proporciona gran seguridad autentificando el posible fraude de los productos, mejora la integridad y la transparencia alimentaria.

- **Sector inmobiliario/construcción.** Va a impactar en toda la cadena de valor, desde la valoración del suelo hasta el diseño, construcción, comercialización, entrega y mantenimiento de edificios.

- **Sector educación.** Se puede aplicar en todo tipo de escuelas, universidades, colegios o academias con diversos casos de uso, como el acceso y verificación de la identidad o de la formación recibida (másteres, doctorados, certificaciones).

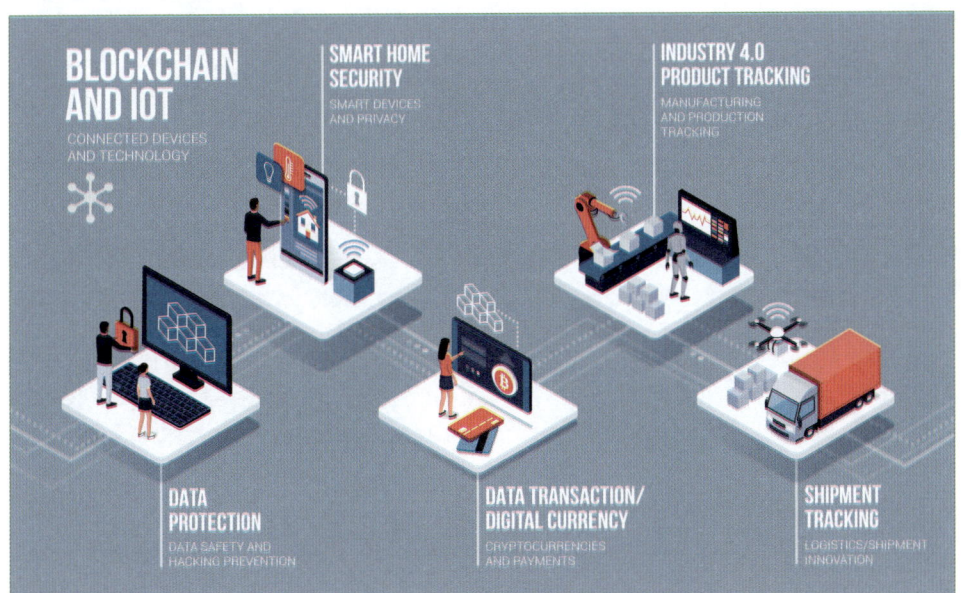

Figura 4.12 Blockchain e IoT, seguridad de datos, seguridad doméstica inteligente, criptomonedas, Industria 4.0 y concepto de seguimiento de entregas.

ACTIVIDAD PROPUESTA 4.3

Realice una búsqueda de información sobre qué puede hacer la tecnología Blockchain en la agroindustria, visionando la píldora sobre Blockchain en agroindustria de Kruger Corp.:

https://youtu.be/d6psFufFPDE

GLOSARIO

La ciberseguridad es la práctica de proteger sistemas, redes y programas de ataques digitales.

— PARA SABER MÁS —

Visione el vídeo de Informe semanal de RTVE.es: «RANSOMWARE: la gran amenaza para las empresas».

https://youtu.be/-HWuHAAUo4M

4.2.7 Características y usos de la ciberseguridad

Por lo general, estos ciberataques apuntan a acceder, modificar o destruir la información confidencial. En una empresa, las personas, los procesos y la tecnología deben complementarse para crear una defensa eficaz contra los ciberataques.

El uso de un sistema unificado de gestión de amenazas puede automatizar las integraciones entre productos selectos de seguridad y acelerar las funciones de operaciones de seguridad claves: detección, investigación y corrección.

- **Personas.** Los usuarios deben comprender y cumplir con los principios básicos de seguridad de datos, como elegir contraseñas seguras, ser cautelosos con los archivos adjuntos de los correos electrónicos y hacer copias de seguridad de datos.

- **Procesos.** Las empresas deben tener una estructura para manejar los ciberataques tentativos y sospechosos. Una estructura de buena reputación puede guiarlo y explicar cómo puede identificar ataques, proteger sistemas, detectar y responder a amenazas, y recuperarse de ataques exitosos.

- **Tecnología.** Es esencial para brindar a las empresas y a los trabajadores las herramientas de seguridad informática necesarias para protegerse de ciberataques. Se deben proteger tres entidades importantes: los dispositivos Endpoints (como ordenador, dispositivos inteligentes y *routers*), las redes y la nube. La tecnología común que se usa para proteger estas entidades incluye *firewalls* de próxima generación, filtrado de DNS, protección contra *malware*, *software* antivirus y soluciones de seguridad de correo electrónico.

Figura 4.13 Protección de los procesos en la fábrica inteligente.

4.2.8 Características y usos de la fabricación aditiva

El proceso de fabricación aditiva comienza con un boceto CAD. A partir de ahí, el equipo de fabricación aditiva lee los datos de dicho archivo digital y agrega capas sucesivas de líquido, polvo o el material de que se trate (termoplástico, metal, resina, filamentos, fibra de carbono, etc.), capa sobre capa, para fabricar un objeto 3D.

Características de la fabricación aditiva:

- **Producción más rápida y más económica.** La fabricación aditiva logra reducir hasta un 90 % los tiempos de producción. Esto permite intensificar el ritmo de producción y reducir el coste por pieza. Los materiales que se utilizan para la impresión de piezas son, a su vez, económicos.

- **Producciones a menor escala y a medida.** Con la impresión 3D, la producción de piezas a medida y en tiradas de bajo volumen se convierte en una opción rentable y viable.

- **Reducción de costes logísticos.** La posibilidad de fabricar piezas mediante procedimientos digitales repercute directamente en una reducción drástica de los costes de almacenaje y de logística. En la actualidad, podemos disponer de un *stock* virtual y fabricar«en el momento» aquella pieza que nos haga falta.

- **Ahorro energético.** Las piezas fabricadas digitalmente pesan mucho menos y esto implica que las máquinas necesitan mucha menos energía para funcionar.

- **Fabricación más sostenible.** Se reducen los consumos energéticos y los costes de transporte (la materia prima ocupa menos espacio y se transporta de forma más sencilla). Por otro lado, cabe mencionar que algunas tecnologías de fabricación aditiva, como el SLS o la MJF, permiten reciclar una importante parte del material que se ha usado durante el proceso de impresión.

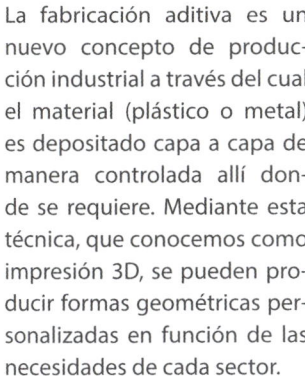

GLOSARIO

La fabricación aditiva es un nuevo concepto de producción industrial a través del cual el material (plástico o metal) es depositado capa a capa de manera controlada allí donde se requiere. Mediante esta técnica, que conocemos como impresión 3D, se pueden producir formas geométricas personalizadas en función de las necesidades de cada sector.

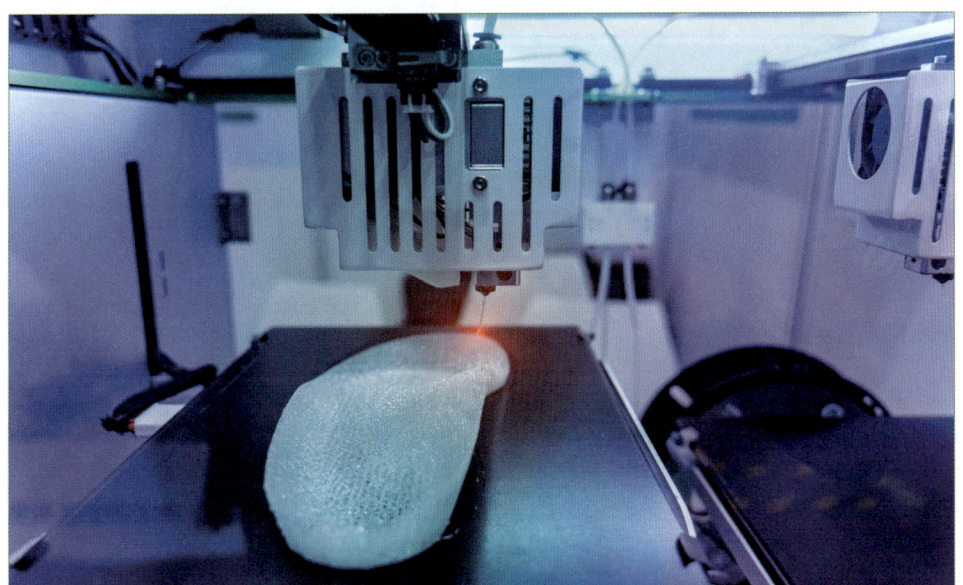

Figura 4.14 Primer plano de la figura de un zapato impresa en 3D.

Aplicaciones de la fabricación aditiva en la industria:

- **Desarrollo de productos** de bienes de consumo para diversos sectores de la economía: automoción, joyería, objetos decorativos, juguetes, prótesis médicas, etc.

- **Prototipado.** La impresión 3D ofrece una alternativa a estos procesos tradicionales, disminuye costes y tiempos de producción, a la vez que se elimina el desperdicio de materias primas.

- **Prototipado funcional,** con el objetivo de ajustar posibles deficiencias en el rendimiento del producto, como errores de funcionalidad, e incluso de ergono-

Figura 4.15 Impresión de una mandíbula humana con dientes utilizando bioimpresión 3D.

mía. La impresión 3D permite, de este modo, la validación de productos anticipada, otro paso de gran significancia para la industria.

- Útiles y elementos de utillajes, que resultan esenciales en el proceso de producción.

- **Fabricación rápida de pequeños lotes de piezas,** pues no resulta rentable a las empresas desarrollar moldes para inyección. En este sentido, la impresión 3D ofrece una solución, pues esta tecnología puede fabricar algunas unidades de un producto o pieza de uso final para satisfacer necesidades puntuales de la industria, sin recurrir a procesos de modelado ni a altos costes.

- **Producción personalizada de productos** (tamaños, formas, colores) que no serían posibles sin el uso de la fabricación aditiva. La industria de la automoción, en particular, ha obtenido interesantes réditos de esta tecnología.

- **Miniaturas/simulación de producción**; las maquetas para arquitectura pueden ser reproducidas mediante impresión 3D en el mismo lugar en el que se hará la presentación.

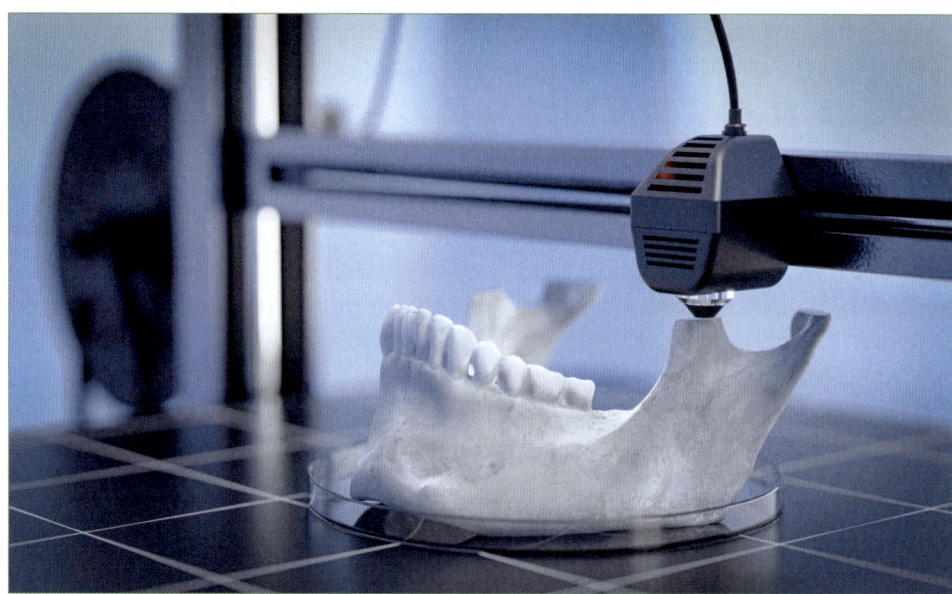

4.2.9 Características y usos de la tecnologías inmersivas: RV y RM, entre otras

Las tecnologías inmersivas están compuestas por la realidad virtual (RV), la realidad extendida (RE), la realidad aumentada (RA) y la realidad mixta (RM), y se caracterizan por su capacidad para colocar al usuario entre el mundo real y el mundo virtual.

— GLOSARIO —

La tecnología inmersiva hace referencia a la tecnología que intenta imitar una experiencia real a través de una réplica digital o simulada.

— GLOSARIO —

La RV es una experiencia completamente inmersiva en un mundo digital en el que el usuario puede interactuar con un entorno virtual. Se utiliza para crear experiencias inmersivas en videojuegos, entretenimiento y formación, y se accede a través de dispositivos como gafas VR y controladores.

— EJEMPLO 4.5 —

Ejemplo de formación inmersiva en RV para trabajos de mantenimiento.

Solución:

En este vídeo de formación en RV se visualiza a través de gafas RV la interacción de un técnico con una máquina de ZAYER, fábrica de fresadoras y centros de fresado en Vitoria-Gasteiz desde 1947.

https://youtu.be/Qqg98o8YEHI

Figura 4.16 Virtual TV Studio.

EJEMPLO 4.6

Ejemplo de RA para el diagnóstico instantáneo y mantenimiento remoto.

Solución:

En el siguiente vídeo se descubren los beneficios de la RA para el diagnóstico instantáneo y el mantenimiento sin contacto con la aplicación EcoStruxure Augmented Operator Advisor™ de Schneider Electric.

https://youtu.be/p9Rjg0GcaBQ

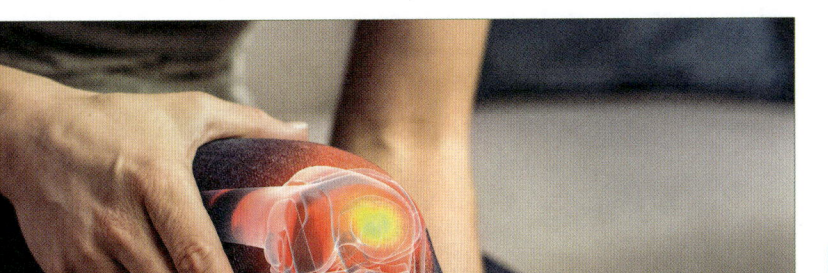

Figura 4.17 Primer plano de una persona con RA que experimenta molestias como resultado de un trauma en la pierna o artritis.

EJEMPLO 4.7

Ejemplo de RM para capacitar la asistencia remota.

Solución:

En el siguiente vídeo se descubren los beneficios de la RM para capacitar a los trabajadores de primera línea para resolver problemas en tiempo real con Dynamics 365 Remote Assist en dispositivos HoloLens, Android o iOS de Microsoft.

https://youtu.be/d3YT8j0yYl0

Figura 4.18 Proyección holográfica del prototipo de generador eléctrico. Desarrollo de aplicación de RM.

GLOSARIO

La RE es un término amplio que engloba la RV, la RA y la RM, y se refiere a todas las experiencias que combinan el mundo digital y el mundo real.

EJEMPLO 4.8

Ejemplo de estación de trabajo virtual que permite las aplicaciones RX.

Solución:

En el siguiente vídeo se describe cómo, al transmitir a través de 5G desde la nube, las personas pueden usar dispositivos RX y obtener la potencia de procesamiento para ejecutar experiencias de RX desde un *data center*, independientemente de la ubicación y el tiempo, con NVIDIA CloudXR.

https://youtu.be/agQc84QTliU

Figura 4.19 La ingeniería utiliza la RE, mejorando así la calidad de la eficiencia de la gestión.

Aplicaciones de la tecnología inmersiva:

- **Educación formal,** para contextualizar los entornos, aprender materias visualizando los objetos y procesos, para conocer estructuras de las máquinas, los inmuebles, el cuerpo humano y animal, etc.

- **Capacitación** en una fábrica; uso de tecnología inmersiva para enseñar a los trabajadores la manera en que funciona una máquina; las partes de la máquina se desmontan, las piezas se separan y se muestran visualmente, y cuando se encuentre ante la máquina de manera física, el trabajador no tendrá el menor problema para entenderla y hacerla funcionar.

- **El diseño industrial, los proyectos arquitectónicos y de ingeniería,** el diseño de productos de diferentes tipos; permite visualizar, evaluar y modificar el proyecto sin necesidad de hacer mapas, planos ni maquetas, y de enviarlo a cualquier parte de manera inmediata.

- **La cultura, el ocio y los videojuegos.**

- **La medicina.** En tratamientos de rehabilitación, para el diagnóstico y como representación visual durante intervenciones quirúrgicas.

- *Marketing* **inmersivo;** muestra un producto o propone el candidato de un partido político.

- **Militar.** Entrenamiento de los ejércitos.

PARA SABER MÁS

Visione la píldora formativa «Realidad aumentada y realidad virtual en la industria que viene».

https://youtu.be/KqLX8qPHjzM

Figura 4.20 Tableta digital inteligente utilizando la aplicación RA para comprobar el tiempo de recogida de pedidos en el fondo del almacén.

4.2.10 Características y usos de los gemelos digitales

El uso de los gemelos digitales es para:

- Evitar problemas antes de que se produzcan.

- Prevenir tiempos de inactividad.

- Desarrollar nuevas oportunidades de negocio.

- Planificar el futuro mediante simulaciones.

- Personalizar la producción a los requerimientos del cliente.

GLOSARIO

Gemelo digital es un modelo virtual de un proceso, producto o servicio a través de la información obtenida de sensores o automatismos. Esta unión del mundo físico con el virtual permite el análisis inteligente de datos y la monitorización de sistemas.

Este tipo de tecnología digital hace que empresas de todos los tamaños puedan cubrir sus demandas y conseguir reducir el tiempo para producción casi un 50 %, mejorar la flexibilidad e incrementar la productividad en hasta un 20 %, lo que determina la competitividad de las compañías.

Para generar un gemelo digital:

- En primer lugar, los **sensores recopilan datos** sobre el estado del proceso, producto o servicio **en tiempo real**. Los componentes están conectados a un sistema basado en la nube que recibe y **procesa toda la información obtenida**. Esta entrada analiza y compara todo lo obtenido junto con otros parámetros contextuales.

- Una vez se obtiene el análisis del proceso, se puede **generar de manera virtual** el proceso, producto o servicio y dotarlo de todas aquellos cambios **antes de ponerlo en fabricación**. Solamente **cuando virtualmente** se consigue **satisfacer los requisitos** de un proyecto, se **produce físicamente**.

Aplicaciones del gemelo digital:

- **La industria.** La prevención de fallos de las máquinas. Permite, igualmente, la producción de piezas personalizadas y adaptadas a las demandas y requerimientos específicos de los clientes.

- **Sector energético.** Gracias al análisis y a la simulación virtual, las empresas podrían ahorrar un 70 % de energía, lo que repercutirá en una reducción de costes.

- **Sector de mantenimiento.** La simulación virtual de entornos físicos ayuda a que el trabajador pueda consultar y actuar con libertad de movimiento, al no tener que sostener ningún dispositivo. Reducción considerable de las emisiones contaminantes. Por otro lado, el análisis de los datos y la simulación posterior permite crear un comportamiento predictivo.

Figura 4.21 Un gemelo digital de un brazo robótico.

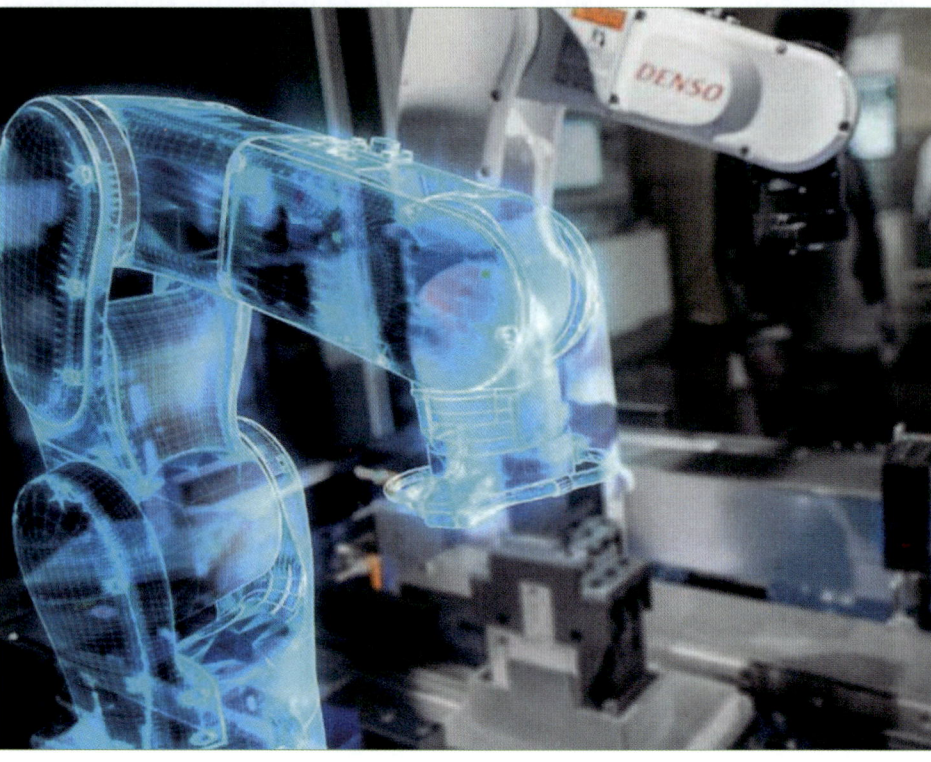

— PARA SABER MÁS —

Visione la píldora formativa «Los gemelos digitales: tecnología para mejorar los procesos de producción».

https://youtu.be/F5xaPFI0TWs

4.2.11 Otras tecnologías habilitadoras

1. **Drones**

Esta tecnología se está haciendo cada vez más hueco en la industria. Se ha incorporado ya en los procesos de manufactura y logística, donde llevan a cabo tareas como inspecciones de mantenimiento en maquinaria o instalaciones, inventariar almacenes, búsqueda de productos o transporte de paquetería.

Figura 4.22 Técnico con dron de entrega.

2. Integración horizontal y vertical

La integración horizontal garantiza que la maquinaria, los dispositivos IoT y los procesos de ingeniería funcionen sin problemas de forma conjunta. La integración vertical, por otro lado, permite utilizar datos de producción para tomar decisiones sobre el negocio, contratación y otras cuestiones, haciendo posible la comunicación entre la red del área de producción integrada horizontalmente y otros elementos, como los sistemas de planificación de los recursos empresariales (ERP).

En la fábrica inteligente interconectada, la integración horizontal se asegura de que la maquinaria, los dispositivos IoT y los procesos de ingeniería funcionen sin problemas de forma conjunta. La integración vertical garantiza que los datos de producción se utilicen en niveles organizativos más altos a la hora de tomar decisiones de *marketing*, contratación y otras cuestiones.

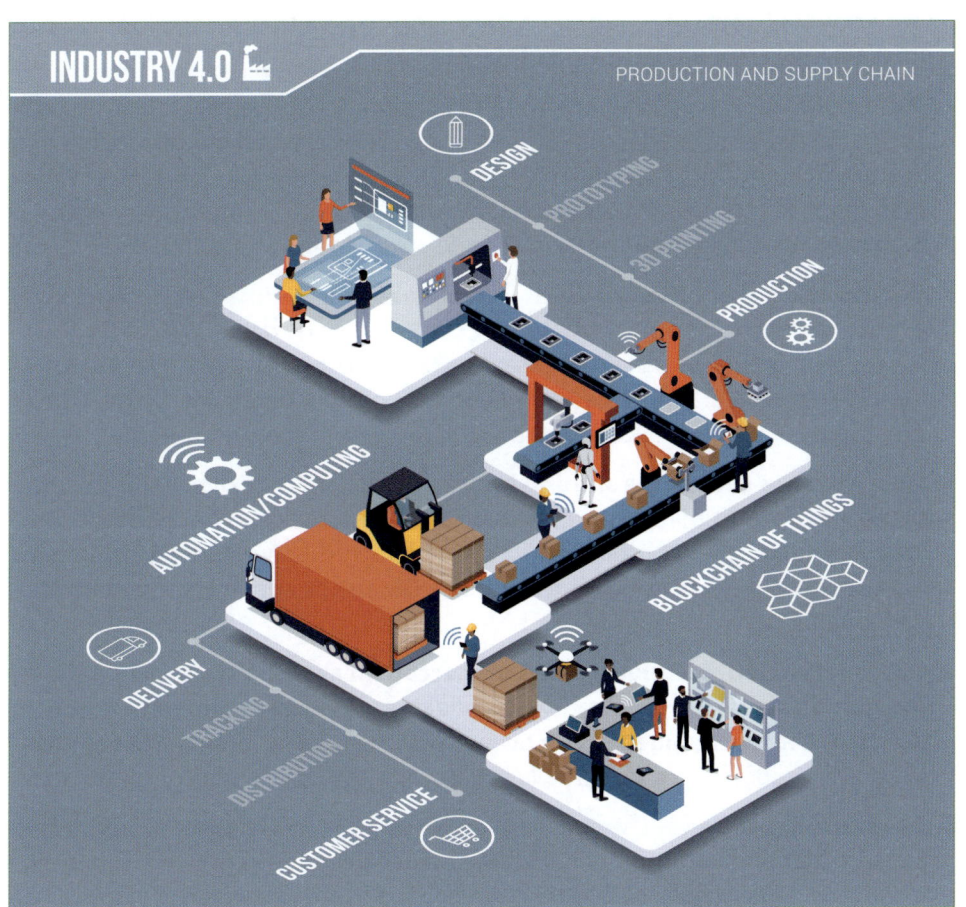

Figura 4.23 Fábrica inteligente interconectada, integración horizontal.

3. Machine Learning

Machine Learning es una disciplina del campo de la inteligencia artificial que, a través de algoritmos, dota a los ordenadores de la capacidad de identificar patrones en datos masivos y elaborar predicciones (análisis predictivo). Este aprendizaje permite a los ordenadores realizar tareas específicas de forma autónoma, es decir, sin necesidad de ser programados.

Aplicaciones prácticas del Machine Learning:

- **Recomendaciones.** Permite hacer sugerencias personalizadas de compra en plataformas *online* o recomendar canciones. En su forma más básica, analiza el historial de compras y reproducciones del usuario y lo compara con lo que han hecho otros usuarios con tendencias o gastos parecidos.

- **Vehículos inteligentes.** Podrán ajustar la configuración interna (temperatura, música, inclinación del respaldo, etc.) de acuerdo a las preferencias del conductor e, incluso, mover el volante solos para reaccionar al entorno.

- **Medicina.** Para detectar con mayor antelación el cáncer de mama, algo de vital importancia, ya que su detección temprana aumenta las probabilidades de curación. Asimismo, también se utiliza con una alta eficacia para detectar neumonía y enfermedades de la retina que pueden provocar ceguera.

- **Búsquedas.** Los motores de búsqueda se sirven del aprendizaje automático para optimizar sus resultados en función de su eficacia, midiendo la misma a través de los clics del usuario.

4.3 Relación entre THD y productividad

Las THD desempeñan un papel crucial en la cadena de valor de la industria, al mejorar la productividad y la eficiencia de los sistemas productivos y de prestación de servicios. Su importancia radica en su capacidad para transformar los procesos empresariales y crear valor de múltiples maneras:

- **Automatización y optimización de procesos.** Las TD permiten la automatización de tareas rutinarias y la optimización de procesos. Esto conduce a una mayor eficiencia en la producción, reducción de errores y costes operativos más bajos. La robótica, la automatización de la cadena de suministro y la monitorización en tiempo real son ejemplos de cómo se logra esto.

- **Recopilación y análisis de datos.** La digitalización facilita la recopilación, el almacenamiento y el análisis de grandes volúmenes de datos. El análisis de datos proporciona información valiosa para la toma de decisiones informadas, la identificación de áreas de mejora y la predicción de tendencias, lo que contribuye a una mayor eficiencia operativa.

- **Gestión de la cadena de suministro.** La digitalización de la cadena de suministro mejora la visibilidad y la colaboración entre los socios comerciales, lo que reduce los cuellos de botella, optimiza la gestión de inventarios y acelera los tiempos de entrega. Esto se traduce en una cadena de suministro más eficiente y adaptable.

- **Personalización y respuesta ágil al mercado.** Las tecnologías digitales permiten la producción y la entrega de productos y servicios altamente personalizados. Las empresas pueden ajustarse rápidamente a las demandas cambiantes del mercado, lo que aumenta la satisfacción del cliente y la competitividad.

- **Innovación continua.** La digitalización impulsa la innovación, al permitir la experimentación con nuevas tecnologías, la creación de productos y servicios disruptivos, y la mejora constante de los procesos. La capacidad de innovar de manera continua es esencial en un entorno empresarial en constante evolución.

- **Colaboración y comunicación.** Las tecnologías digitales habilitan una comunicación más efectiva y la colaboración en toda la cadena de valor. Los empleados, los socios comerciales y los clientes pueden interactuar en tiempo real, lo que agiliza la toma de decisiones y mejora la eficiencia en la prestación de servicios.

- **Gestión sostenible y responsabilidad social.** La digitalización también desempeña un papel importante en la gestión sostenible y la responsabilidad social empresarial. Las empresas pueden medir y reducir su huella de carbono, gestionar de manera más eficiente los recursos naturales y reducir residuos, contribuyendo así a objetivos medioambientales y sociales.

- **Ciberseguridad y protección de datos.** La importancia de mantener la seguridad de los datos y sistemas en toda la cadena de valor no puede subestimarse. Las tecnologías digitales habilitadoras incluyen soluciones de ciberseguridad avanzada para proteger contra amenazas cibernéticas y garantizar la continuidad de las operaciones.

En conjunto, las tecnologías digitales habilitadoras mejoran la productividad y la eficiencia al automatizar tareas, optimizar procesos, ofrecer información basada en datos y permitir una mayor agilidad en la toma de decisiones. Al hacerlo, contribuyen a una cadena de valor más eficiente, rentable y adaptable, lo que es esencial en un entorno empresarial altamente competitivo y en constante evolución.

— **PARA SABER MÁS** —

Visione la píldora formativa «La importancia de los habilitadores digitales en la cadena de valor de la industria».

https://youtu.be/glafMnSyEtY

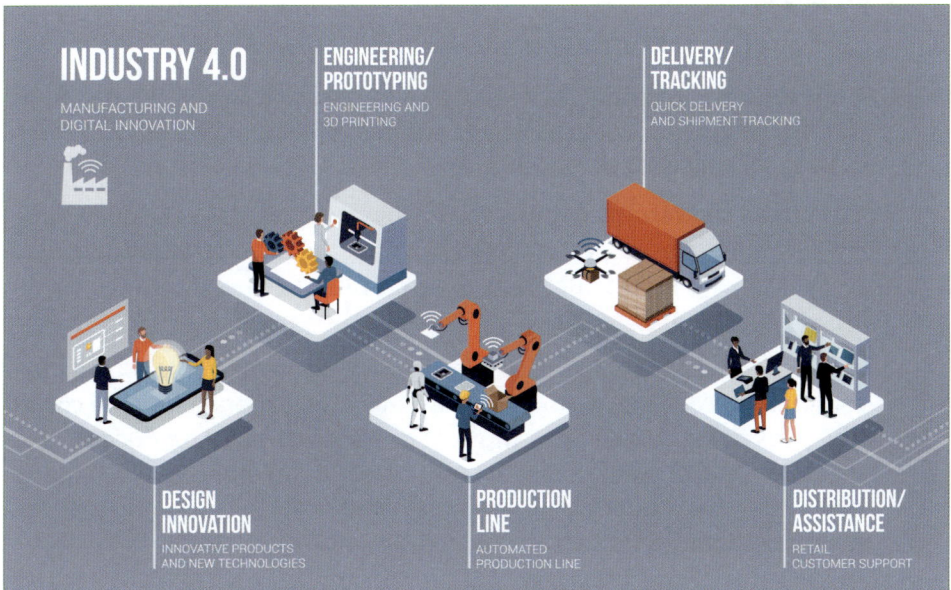

Figura 4.24 Industria 4.0, innovación continua, automatización y optimización de procesos, gestión de la cadena de suministro, personalización y respuesta ágil al mercado.

4.4 Implantación de las tecnologías habilitadoras: relación con la reducción de costes y la mejora de la competitividad

La implantación de tecnologías habilitadoras, como la sensorización, el tratamiento de datos, la automatización y las comunicaciones, está estrechamente relacionada con la reducción de costes y la mejora de la competitividad en una empresa. Además, la alineación entre las unidades funcionales de las empresas que conforman el sistema y los objetivos del mismo es fundamental para asegurar que estas tecnologías se implementen de manera eficaz y que contribuyan a alcanzar dichos objetivos.

1. Implantación de tecnologías habilitadoras y reducción de costes:

   - **La sensorización** implica el uso de sensores para recopilar datos en tiempo real. Esto permite una monitorización precisa de los procesos y activos. Al identificar ineficiencias o desperdicios, las empresas pueden optimizar la producción y reducir costes.

   - **El tratamiento de datos** implica el análisis y procesamiento de datos recopilados. Al comprender mejor los datos, las empresas pueden tomar decisiones más informadas para reducir costes, como la optimización de la cadena de suministro, la gestión de inventarios y la calidad del producto.

   - **La automatización** permite realizar tareas de manera eficiente sin intervención humana. Esto reduce los costes laborales, disminuye los errores y mejora la productividad en áreas como la producción, la logística y la atención al cliente.

- **Las comunicaciones** eficientes permiten la colaboración en tiempo real y la transmisión de datos críticos. Esto acelera los procesos, reduce los tiempos de inactividad y mejora la eficiencia en toda la cadena de valor.

En conjunto, estas tecnologías contribuyen a la **reducción de costes operativos, al mejorar la eficiencia de los procesos**, la gestión de recursos y la toma de decisiones basada en datos. Esto puede incluir una menor necesidad de recursos humanos, una producción más eficiente y una mejor gestión de los recursos.

2. Alineación entre unidades funcionales y objetivos del sistema:

- Cada **unidad funcional** de una empresa, como producción, ventas, logística, TI y gestión de calidad, desempeña un papel específico en la consecución de los objetivos del sistema.

- Los **objetivos del sistema** pueden incluir la mejora de la eficiencia, la reducción de costes, la personalización de productos o servicios, la mejora de la calidad y la competitividad en el mercado.

- **Alineación.** Para que las tecnologías habilitadoras tengan un impacto significativo en la reducción de costes y la mejora de la competitividad, es esencial que cada unidad funcional las utilice de manera coherente con los objetivos del sistema. Por ejemplo, el departamento de producción puede utilizar la automatización para reducir costes, mientras que el departamento de ventas puede aprovechar la comunicación en tiempo real para mejorar la competitividad.

La implantación de tecnologías habilitadoras es una estrategia clave para reducir costes y mejorar la competitividad en una empresa. Sin embargo, para lograrlo de manera efectiva, es fundamental la integración vertical de las unidades funcionales, asegurando un nivel sin precedentes de alineación entre los procesos de producción y las actividades comerciales centrales como TIC, ventas, *marketing*, logística, ingeniería, etc., y que estén alineadas con los objetivos del sistema. La coordinación y la colaboración entre estas unidades son esenciales para maximizar el impacto de las tecnologías habilitadoras en la cadena de valor de la empresa.

─PARA SABER MÁS─
Visione la píldora formativa «La gestión del proceso productivo en la Industria 4.0».

https://youtu.be/6oSYn8vLibo

Figura 4.25 Implantación de las tecnologías habilitadoras: relación con la reducción de costes y la mejora de la competitividad.

Figura 4.26 Integración horizontal de sistemas y flujos de información entre unidades funcionales.

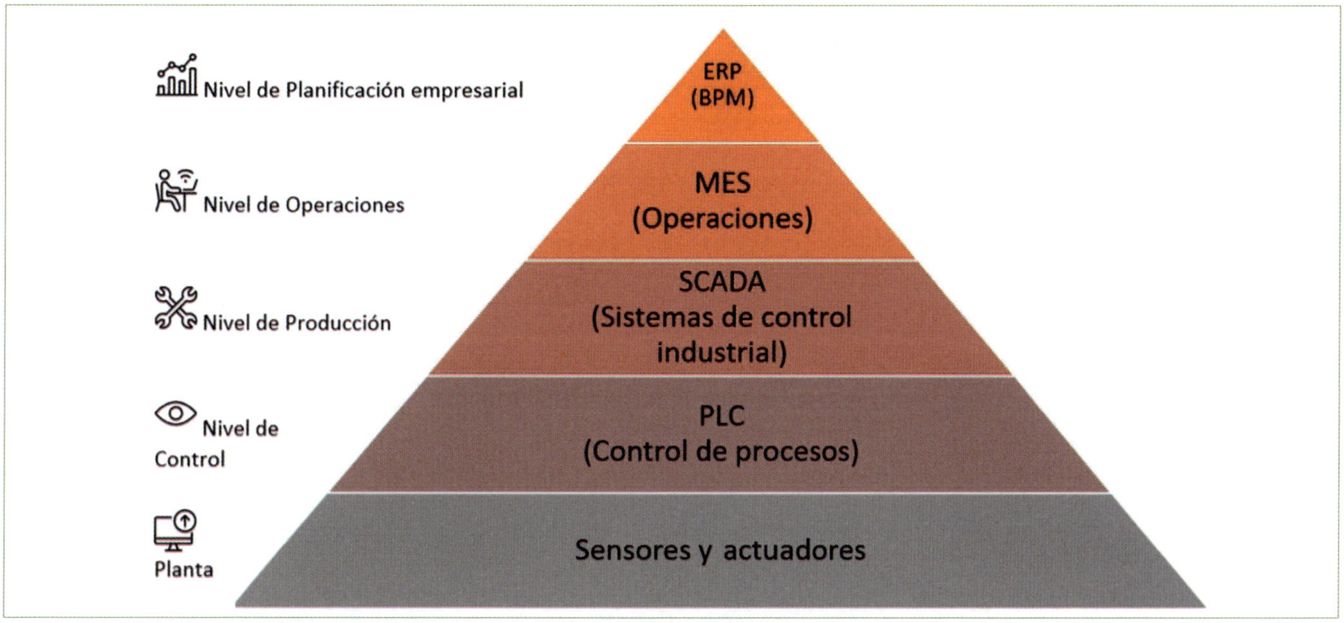

Figura 4.27 Integración vertical de unidades funcionales para lograr los objetivos desde la planificación empresarial.

4.5 Sistemas digitalizados reales. Ejemplos

Las tecnologías disruptivas han impactado significativamente en una variedad de sectores productivos, transformando la forma en que operan las empresas y generando oportunidades para la innovación y la mejora de la eficiencia.

Algunas aplicaciones concretas de tecnologías disruptivas en sectores productivos específicos son:

1. **IA:**

   - **Sector de la salud.** La IA se utiliza para el diagnóstico médico, la detección temprana de enfermedades y la personalización de tratamientos.

   - **Industria automotriz.** La IA se emplea en vehículos autónomos para la conducción autónoma y la seguridad.

   - **Retail.** En el comercio minorista, la IA se utiliza para la recomendación de productos y la optimización de la cadena de suministro.

2. **Blockchain:**

- **Servicios financieros.** Blockchain se utiliza en transacciones financieras y para mejorar la seguridad y la transparencia en el sector bancario y de seguros.

- **Logística y cadena de suministro.** La tecnología Blockchain se emplea para rastrear el origen y la autenticidad de los productos a lo largo de la cadena de suministro.

3. **Impresión 3D:**

- **Manufactura.** La impresión 3D se utiliza para la fabricación de piezas personalizadas y prototipos, lo que reduce costes y tiempos de producción.

- **Sector médico.** En la industria de la salud, la impresión 3D se emplea para crear prótesis personalizadas y dispositivos médicos.

4. **IoT:**

- **Agricultura.** El IoT se utiliza para la monitorización de cultivos y ganado, lo que permite una gestión más eficiente y sostenible de las operaciones agrícolas.

EJEMPLO 4.9

Ejemplo de uso de IoT, drones, IA y Blockchain para conseguir *smart farming* o agricultura de precisión.

Solución:

https://www.iberdrola.com/innovacion/smart-farming-agricultura-precision

- **Manufactura.** En la industria manufacturera, el IoT se emplea para el mantenimiento predictivo de maquinaria y la optimización de procesos.

5. **RV y RA:**

- **Educación.** La RV y la RA se utilizan para la educación inmersiva y la formación en entornos simulados.

- **Arquitectura y diseño.** Se aplican para la visualización de diseños arquitectónicos y la planificación urbana.

- **Entretenimiento.** En el sector de los videojuegos y el entretenimiento, la RV y la RA ofrecen experiencias inmersivas y de juego interactivo.

6. **Robótica colaborativa:**

Logística y manufactura. Los robots colaborativos se utilizan en la automatización de almacenes y en líneas de producción para tareas de ensamblaje y manipulación.

EJEMPLO 4.10

Ejemplo de cómo mejorar el paletizado de una empresa de alimentación con *cobots*.

Solución:

En este vídeo se describe cómo, en este caso, el reto se encontraba en automatizar el paletizado de cajas de cuatro formatos distintos que llegaban transportadas en tres líneas. Y todo ello con un solo robot colaborativo, Universal Robots.

https://youtu.be/KX11BMRjVEs

Estos son ejemplos de cómo las tecnologías disruptivas están siendo aplicadas en diferentes sectores productivos.

Cada una de estas tecnologías está generando oportunidades para la innovación y la mejora de la eficiencia, lo que a su vez tiene un impacto significativo en la competitividad y la sostenibilidad de las empresas en estos sectores.

EJEMPLO 4.11

Ejemplo de cómo se habilita una *smart factory*.

Solución:

En este vídeo se describe cómo Hexagon está habilitando una *smart factory*.

https://youtu.be/yYJGd6_1R7I

4.6 Sistemas de almacenamiento de datos no convencionales

Estos sistemas se han vuelto cada vez más importantes a medida que se generan grandes cantidades de datos y se necesita un acceso rápido y escalable a ellos.

Algunos ejemplos de sistemas de almacenamiento de datos no convencionales y de cómo se accede a ellos desde unidades individuales:

- **Almacenamiento en la nube** de datos distribuido en servidores remotos a los que se accede a través de Internet. Los datos se almacenan en centros de datos remotos y se puede acceder a ellos desde cualquier dispositivo conectado a la web. Para acceder, los usuarios utilizan aplicaciones y servicios en línea específicos. Esto puede incluir navegadores web para acceder a servicios en la nube como Google Drive o Dropbox, aplicaciones de sincronización de archivos o incluso aplicaciones móviles que se conectan a servicios en la nube.

- **Almacenamiento en dispositivos de red (NAS).** Unidades de almacenamiento conectadas a la red local de una empresa. Proporcionan un sistema de almacenamiento compartido para múltiples dispositivos y usuarios en la red. Se accede desde unidades individuales en la red local a través de una conexión de red. Los usuarios pueden utilizar *software* específico proporcionado por el NAS o aplicaciones de acceso a archivos para acceder, gestionar y transferir datos.

- **Almacenamiento en sistemas de archivos distribuidos.** Como Hadoop HDFS o sistemas de almacenamiento distribuido de objetos como Amazon S3, que almacenan datos en una infraestructura distribuida a través de múltiples servidores. El acceso a estos sistemas se realiza a través de API o interfaces específicas proporcionadas por el sistema de almacenamiento. Los desarrolladores y administradores de sistemas configuran y utilizan herramientas de *software* para interactuar con estos sistemas de archivos.

- **Almacenamiento en sistemas de almacenamiento definido por *software* (SDS).** Permite la gestión y el acceso a datos de almacenamiento a través de *software* en lugar de depender de *hardware* específico. Puede abarcar tanto almacenamiento en disco local como en la nube. Acceso desde interfaces de gestión basadas en la web o API, que permiten a los administradores y usuarios acceder y gestionar los datos desde unidades individuales a través de *software* específico.

- **Almacenamiento en sistemas de archivos descentralizados (por ejemplo, Blockchain).** Las tecnologías de contabilidad distribuida, como Blockchain,

GLOSARIO

Los sistemas de almacenamiento de datos no convencionales se refieren a métodos y tecnologías que difieren de las unidades de disco duro o discos de estado sólido típicos utilizados en los ordenadores y servidores convencionales.

permiten el almacenamiento descentralizado y seguro de datos en una red de nodos. El acceso se realiza a través de aplicaciones específicas que utilizan protocolos de comunicación Blockchain. Los usuarios pueden acceder a los datos utilizando aplicaciones de cartera o clientes de Blockchain.

Los sistemas de almacenamiento de datos no convencionales incluyen una variedad de tecnologías y enfoques, desde el almacenamiento en la nube hasta sistemas de archivos distribuidos y de almacenamiento definidos por *software*.

Figura 4.28 Almacenamiento en la nube.

Reto profesional

Sistemas de producción/prestación de servicios digitalizados: fabricación aditiva por el técnico en...

Breve descripción

La finalidad de este reto profesional es vivenciar el contexto del uso de la fabricación aditiva en un sistema de producción o prestación de servicios: el diseño y modelado de un elemento en 3 dimensiones para facilitar su profesión utilizando Tinkercad, un programa de diseño e impresión en 3D en línea.

El reto

En el reto, por equipos, se va a tratar de crear un elemento en 3D para una empresa u organismo equiparado, relacionado con los profesionales con el título de Técnico en... que ejercen su actividad (que se puede identificar en el apartado primero del Artículo 7) y el entorno profesional de cada Real Decreto por el que se establece el título. Para ello, se debe utilizar los pasos del proceso de invención (piénselo, explórelo, dibújelo, créelo, pruébelo, modifíquelo y compártalo), diseñando en 3D y usando la aplicación web Tinkercad y adaptándolo con importaciones archivos de las plataformas con repositorios de modelos 3D. Una vez el equipo esté satisfecho con su invento, prepararán una breve presentación para compartir sus inventos con sus posibles clientes que se mostrará en realidad aumentada.

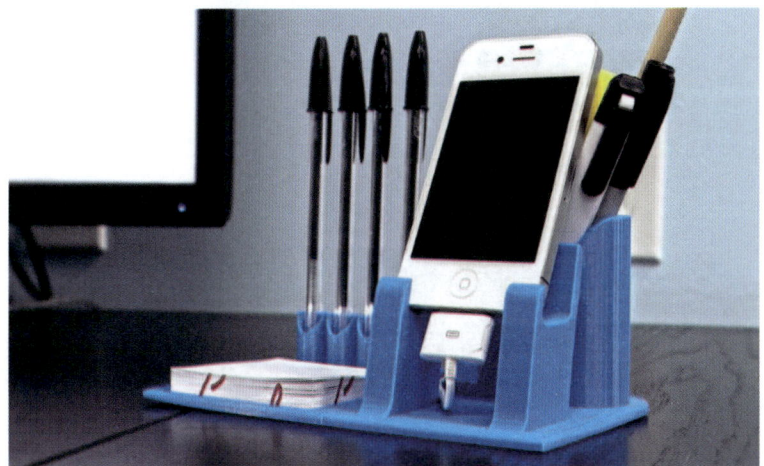

Figura de un organizador de escritorio de un repositorio de modelos 3D: www.thingiverse.com.

Figura de una presentación para compartir sus inventos con sus posibles clientes con un visor de realidad aumentada.

Para realizar el reto profesional 4, acceda a www.marcombo.info y descargue gratis el contenido adicional.

Código: **MARCOMBO20**

Mapa conceptual

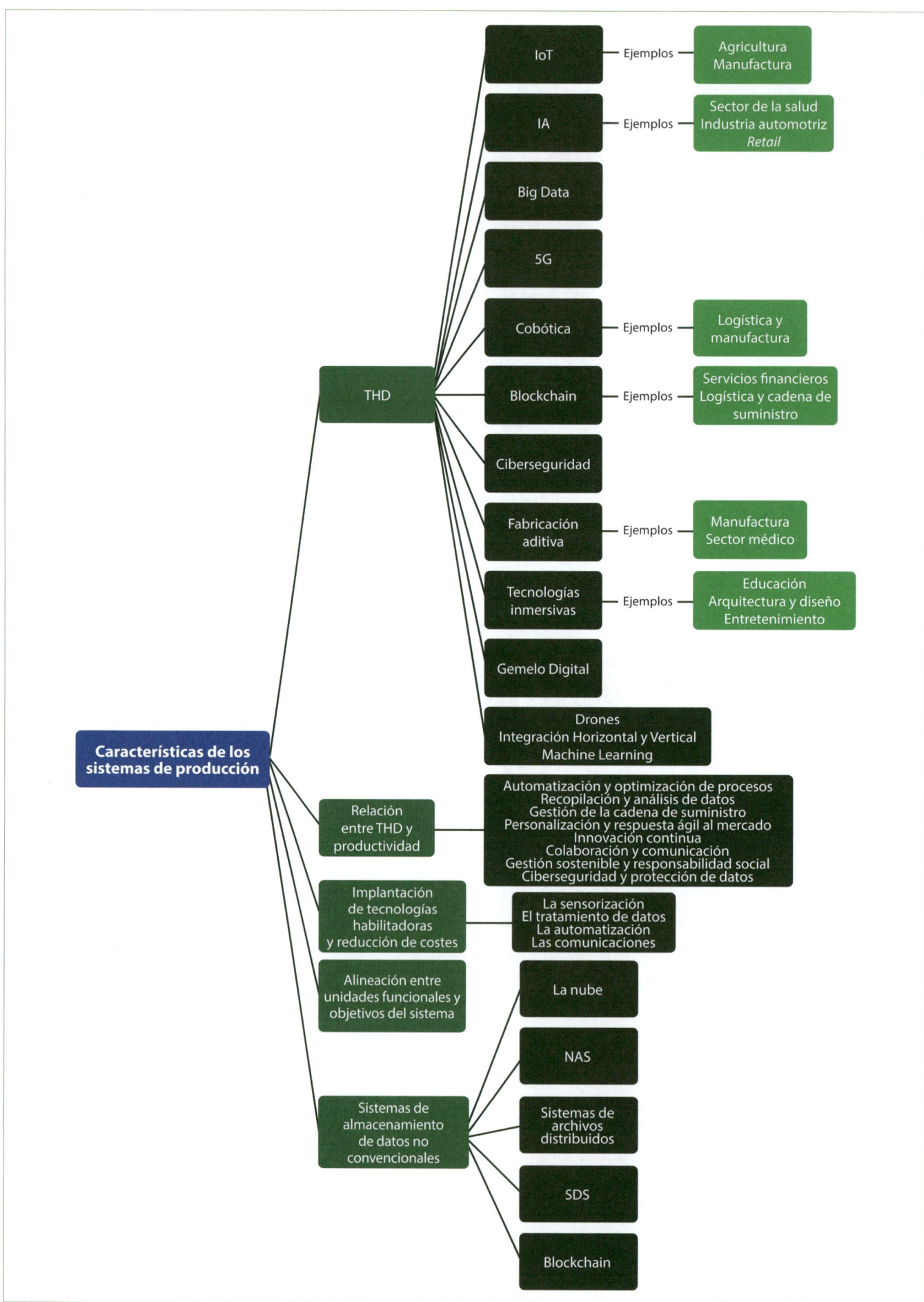

Figura 4.29 Mapa conceptual de las características de los sistemas de producción.

1. **¿Para qué sirve el IoT?**

   a) Para conectar e intercambiar Internet.

   b) Para tener mejor Internet.

   c) Para tener mejores dispositivos.

   d) Para conectar e intercambiar datos con otros dispositivos con Internet.

2. **Se conoce como inteligencia artificial:**

   a) La capacidad de un ordenador para resolver un problema.

   b) La implantación de chips en el cerebro humano.

   c) La capacidad de actuar o simular el comportamiento de una máquina como el de un humano.

   d) La robotización de las personas y el querer actuar como máquinas.

3. **¿A qué se refiere la velocidad en Big Data?**

   a) A la cantidad de datos creados, procesados y almacenados.

   b) A la velocidad de generación y procesamiento de los datos.

   c) A la inconsistencia de los datos en ocasiones.

   d) A los distintos tipos de datos provenientes de diversas fuentes.

4. **¿Cuál es la velocidad de datos máxima que puede alcanzar la red 5G?**

   a) Hasta 1 MBps.

   b) Hasta 100 MBps.

   c) Hasta 10 GBps.

   d) Hasta 1 GBps.

5. **¿Cuál es la principal característica de los robots colaborativos?**

   a) Capacidad de realizar tareas repetitivas.

   b) Capacidad de relacionarse con las personas de forma amigable.

   c) Capacidad de programarse de forma intuitiva.

   d) Capacidad de reasignar múltiples aplicaciones fácilmente.

6. **¿Qué característica clave de la tecnología Blockchain hace que los datos almacenados en ella sean inmutables?**

   a) Tecnología descentralizada.

   b) Registros distribuidos.

   c) No puede ser corrupto.

   d) Seguridad mejorada.

7. **¿Cuál es el objetivo de los ciberataques?**

   a) Acceder, modificar o destruir la información confidencial.

   b) Proteger la información confidencial.

   c) Crear defensas eficaces contra los ciberataques.

   d) Automatizar las funciones de operaciones de seguridad.

8. **¿Para qué se utiliza la impresión 3D en la industria?**

   a) Desarrollo de productos, prototipado y fabricación de pequeños lotes de piezas.

   b) Fabricación de grandes volúmenes de productos.

   c) Replicación de maquetas para arquitectura.

   d) Producción de piezas personalizadas sin recurrir a procesos de modelado.

9. **¿Cuál es la tecnología que superpone información digital en el mundo real a través de dispositivos como *smartphones* o tabletas?**

   a) Realidad extendida (RE).

   b) Realidad aumentada (RA).

   c) Realidad virtual (RV).

   d) Realidad mixta (RM).

10. **¿Cuál de las siguientes afirmaciones sobre el gemelo digital es cierta?**

    a) Ayuda a reducir los tiempos de inactividad.

    b) Es un modelo virtual de un producto físico.

    c) Incrementa la flexibilidad en un 50 %.

    d) Permite el análisis inteligente de datos y la monitorización de sistemas.

ACTIVIDAD 1

Realice una búsqueda de información de tipos de sensores inteligentes o dispositivos IoT de una ciudad inteligente que proporcionan la información a las administraciones públicas o directamente al ciudadano a través de WiFi y a tiempo real. Visione el vídeo de Endesa Educa: «Smart Sensors en las ciudades inteligentes».

https://youtu.be/2br8xkxh4e0

ACTIVIDAD 2

Realice una búsqueda de información sobre el *smart metering*, sistema clave de las *smart cities* a través del impulso del IoT. Visione el vídeo de Endesa Educa «Los telecontadores en una Smart City: Smart Metering».

https://youtu.be/pcP2ISYfwI4

¿Qué es *smart metering*? ¿Qué ventajas tiene el sistema de telegestión?

ACTIVIDAD 3

Visione el vídeo de Aruba «Hewlett Packard Enterprise company: El auge de IoT en la atención sanitaria».

https://youtu.be/R3zMJ0bSmDU

Indique cómo la aplicación de IoT en la atención sanitaria está mejorando la atención al paciente y el retorno de inversión (ROI) de los proveedores.

ACTIVIDAD 4

Visione el vídeo de Universal Robots España, *Caso de éxito con cobot de la multinacional Continental del sector de automóvil*: https://youtu.be/ABhb0kiMXI4

Indique qué ha facilitado la incorporación de tecnologías disruptivas con aplicaciones concretas en la fábrica de la multinacional Continental.

ACTIVIDAD 5

Visione el vídeo de Universal Robots España, *RNB Cosméticos integra 6 robots colaborativos para potenciar el talento de sus empleados*: https://youtu.be/EqKb-fC8vXyY

Relacione la implantación de las células colaborativas con la reducción de riesgos y la mejora de la competitividad.

ACTIVIDAD 6

Visione el vídeo de Universal Robots España, *Caso de éxito con cobot en MANN+HUMMEL (España)*: https://youtu.be/iyAk0BvC8Jc

Describa la contribución del robot en las mejoras producidas en el sistema y en cada una de sus etapas de los procesos industriales de los componentes técnicos de plástico.

ACTIVIDAD 7

Visione el vídeo de ACCIONA, *Gemelo digital, la apuesta tecnológica de ACCIONA en una desaladora de Oriente Medio*: https://youtu.be/3kfpeEArH8w

Relacione la implantación del gemelo digital con la reducción de costes y la mejora de la productividad en los procesos de desalinización del agua.

Planes de transformación

En esta unidad va a estudiar:

- Configuración de una empresa clásica. Digitalización de la empresa o unidades de la misma.

- THD implicadas en la digitalización de las etapas. Relación entre etapas.

- Configuración de la empresa digitalizada. Cambios introducidos. Mejoras producidas.

- Plan de transformación. Recursos empleados.

Con su estudio, va a ser capaz de:

- Definir a nivel de bloques el diagrama de funcionamiento de la empresa clásica.

- Identificar las etapas susceptibles de ser digitalizadas.

- Definir las tecnologías implicadas en cada una de las etapas.

- Establecer la conexión de las etapas digitalizadas con el resto del sistema.

- Elaborar un diagrama de bloques del sistema digitalizado.

- Elaborar un informe de viabilidad y de las mejoras introducidas.

- Analizar la mejora en la producción y gestión de residuos, entre otras.

- Elaborar un documento con la secuencia del plan de transformación y los recursos empleados.

5.1 Introducción

Asumir que la transformación digital de una empresa se realiza de la misma forma para cualquier organización es un poco ingenuo. Cada empresa es un mundo y por ello deberíamos abordar la transformación digital atendiendo a la singularidad de cada una de ellas.

En esta unidad se va a elaborar un plan de transformación de una empresa clásica del sector en el que se enmarca el título, basada en una EL, al concepto 4.0, determinando los cambios a introducir en las principales fases del sistema e indicando cómo afectaría a los recursos humanos.

5.2 Configuración de una empresa clásica. Digitalización de la empresa o unidades de la misma

Una empresa clásica se organiza bajo una estructura funcional o una estructura basada en las funciones cuando agrupa los distintos puestos de trabajo a partir de los conocimientos comunes, a las órdenes de otro especialista o experto en la tarea. En este caso, utiliza una departamentalización por funciones, agrupando luego las distintas actividades en departamentos que forman parte de la estructura y representan las funciones típicas de una empresa (producción, finanzas, *marketing*, recursos humanos).

5.2.1 Diagrama de funcionamiento de la empresa clásica

El hecho de que exista una organización indica que existe una estructura organizacional en funcionamiento para el logro de los objetivos.

Las operaciones que se realizan en las empresas, ya sean pequeñas o grandes, simples o complejas, se clasifican en seis grupos:

- **Actividades técnicas:** producción, transformación, fabricación.
- **Actividades comerciales:** compras, ventas, intercambios.
- **Actividades financieras:** captación y administración de capitales.
- **Actividades de seguridad:** protección de los bienes y de las personas.
- **Actividades contables:** inventarios, balances, costes, estadísticas, etc.
- **Actividades administrativas (o de dirección):** previsión, organización, mando, coordinación, control.

La función **de dirección** tiene tres etapas:

- Determinar objetivos.
- Lograr los objetivos fijados.
- Medir los resultados.

Estas tres etapas incluyen un conjunto de elementos de dirección como: planificar, decidir, organizar, comunicar, motivar, evaluar, etc.; estos elementos permiten lograr los objetivos mediante una estructura consistente en áreas **de actividad, funciones y subfunciones**.

La descripción de cada una de las áreas incluirá:

- La función, entendida como la razón de ser del área, el aporte que realiza al cumplimiento del fin organizacional. Funciones básicas: están directamente relacionadas con los fines organizacionales. Funciones de apoyo: colaboran con las básicas cumpliendo la función de apoyo o ayuda.

- Tipo de autoridad en la estructura: lineal, funcional, y *staff*.
- Criterios de departamentalización más frecuentes.
- Actividades realizadas en el área, breve descripción de cada una.
- Sistema de información.

EJEMPLO 5.1

Representa un organigrama típico de una organización de servicios.

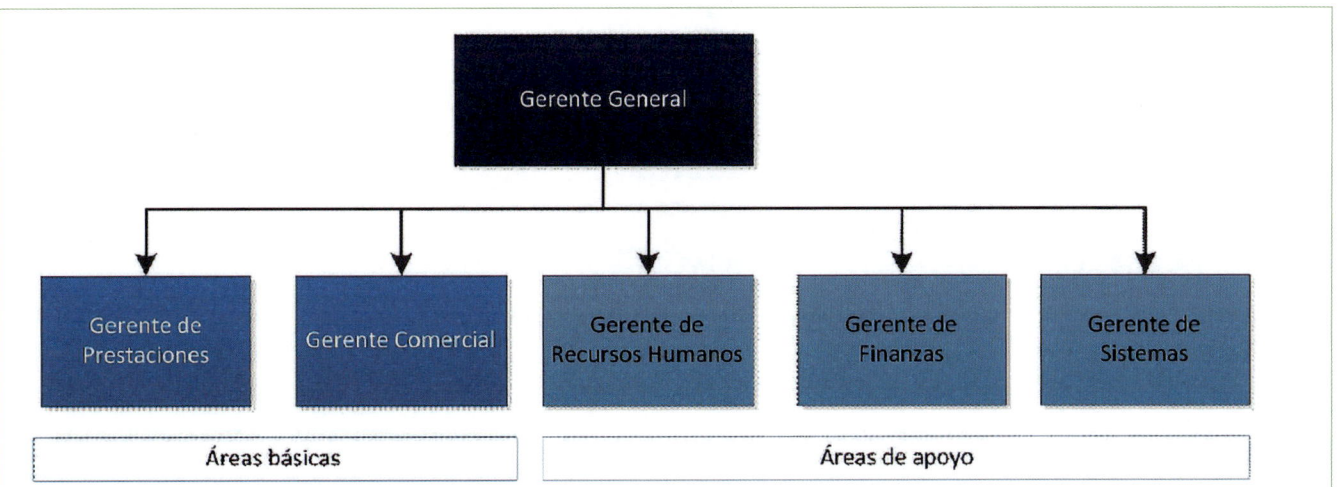

Figura 5.1 Organigrama típico de una organización de servicios.

A medida que la organización aumenta su tamaño, tiende a especializar las actividades incorporando profesionales para su realización.

EJEMPLO 5.2

Representa un organigrama típico de una agencia de viajes mediana.

Solución:

Estas organizaciones poseen un área dedicada exclusivamente a la generación de los productos, encargada de la producción, elaboración y organización de los distintos paquetes turísticos; otra para la venta, que es la que se encarga de la atención directa al cliente; y otra comercial o de *marketing*, encargada de vender el producto a los consumidores potenciales.

ACTIVIDAD PROPUESTA 5.1

Visite la web de una empresa dedicada a la construcción de estructuras y el desarrollo de edificaciones y visione su organigrama.

https://siderna.com/organigrama-funcional/

Averigüe en Internet qué tipos de organigramas existen e identifique de qué tipo se trata.

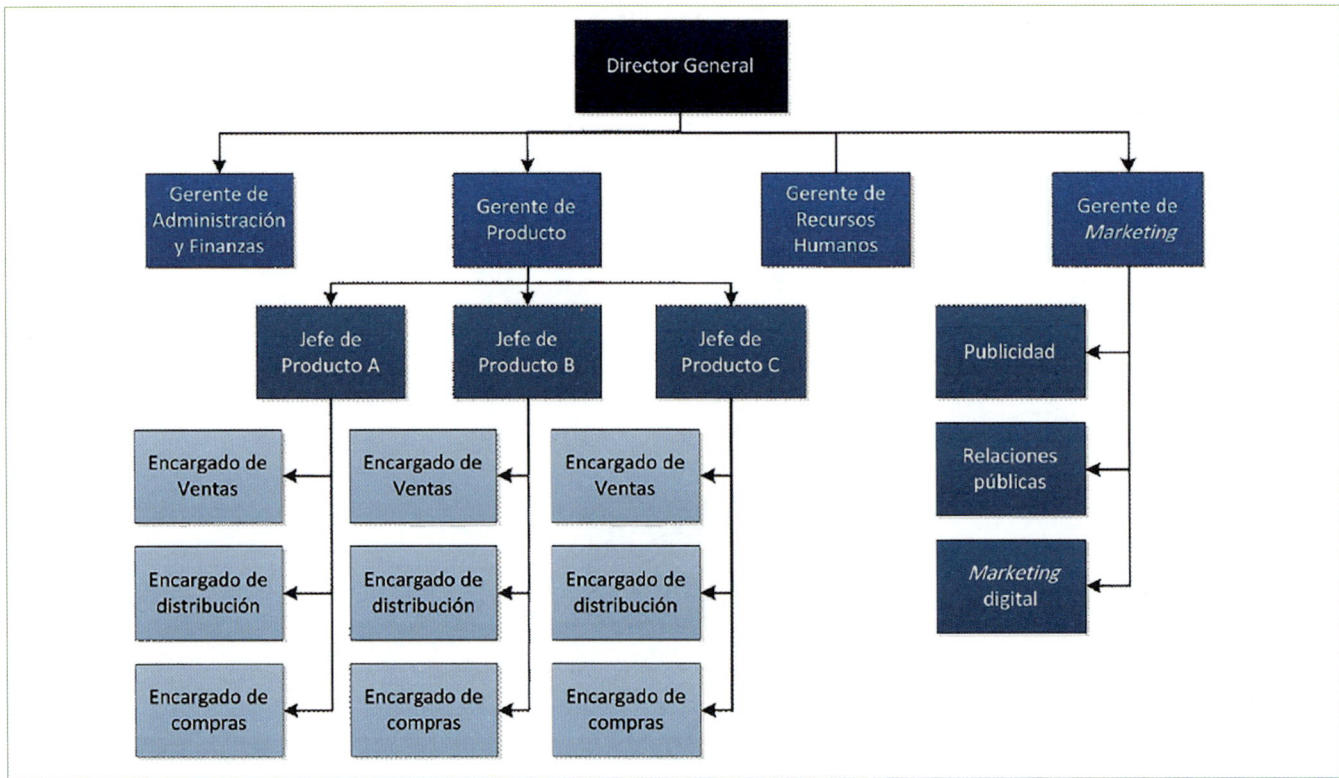

Figura 5.2 Organigrama típico de una agencia de viajes mediana.

5.2.2 Digitalización de la empresa o unidades de la misma

La digitalización de la empresa constituye:

- Uno de los retos más ambiciosos para los modelos de negocio; el **proceso es largo y complejo**.

- La innovación tecnológica debe ir, por tanto, siempre acompañada de la **innovación en el modelo de negocio**.

- **La transformación de los procesos de producción y del modelo productivo genera nuevas oportunidades de negocio** que surgen gracias a la gran cantidad de información que se genera a lo largo del ciclo de vida de un producto.

En las PYME se identifica una resistencia al cambio para realizar su transformación digital en todos los sectores, y un proceso de cambio no gestionado adecuadamente puede comportar una mayor brecha digital entre aquellas organizaciones que sí han acometido el proceso y aquellas que no lo han acometido.

En su planificación de digitalización, la industria digital tiene que identificar, para actuar sobre ellos de forma coherente:

- **Los procesos clave de negocio** en su cadena de valor orientada al cliente y que tiene un impacto significativo en los resultados de la organización o está en el plan estratégico de la misma.

- **Los productos/servicios** que puedan ser transformados o complementados.

- Los **cambios** disruptivos que más impacten **en su modelo de negocio**.

- **Las competencias y roles digitales** que precisan en su actividad.

Figura 5.3 Elementos a considerar para planificar la digitalización de la empresa.

La industria digital tiene ante sí el reto de transformar y reinventar su cultura empresarial y los aspectos relacionados con sus recursos humanos para el desarrollo de la transformación digital:

- La competencia, talento y capital humano con los que cuenta, orientándolos hacia un nuevo modelo de negocio digital sostenible, competitivo y en constante mejora.

- La capacitación y cualificación del personal para poder interactuar con la tecnología existente.

- La gestión del cambio se debe abordar con la formación y capacitación del personal.

La industria digital tiene que considerar en su estrategia de negocio, entre otros, **procesos, personas, productos y datos**.

Para ello, tiene que realizar un análisis actualizado de:

- **Sus procesos;**
- **sus tecnologías;**
- **su enfoque de mercado** (con información detallada de perfiles de clientes)**;**
- **sus productos finales** (con mayor valor añadido, incorporando información y/o tecnología)**;**
- **sus relaciones con proveedores y distribuidores;**
- **su gestión del personal y del conocimiento y de la cultura organizativa;**
- **su gestión de procesos de *marketing*;**
- **sus procesos de venta a través de medios *online*;**
- **sus modelos de negocio;**
- **su relación con el cliente** (por ejemplo, omnicanalidad y mejora de su experiencia)**.**

Una empresa no puede ser considerada industria digital si excluye alguno de los **siguientes ejes o unidades**:

- **Productos y servicios;**
- **procesos;**
- **organización y personas;**
- **infraestructuras.**

La empresa debe determinar las cuestiones externas e internas que son pertinentes en el contexto digital en el que lleva a cabo sus actividades y que afectan a su capacidad para lograr los resultados previstos.

En el ámbito de su digitalización, y como parte de su estrategia de negocio y mercado, se debe identificar al cliente y al

— PARA SABER MÁS —

Con el fin de aportar una herramienta que facilite la reducción de la brecha digital de la empresa y la PYME industrial, se han desarrollado las especificaciones UNE 0060 y 0061, con las que MINCOTUR quiere apoyar y potenciar la transformación digital de las empresas en industrias digitales.

https://static.eoi.es/inline/une_0060_especificacion_industria_4.0_mincotur.pdf

https://static.eoi.es/inline/une_0061_especificacion_industria_4.0_mincotur.pdf

https://youtu.be/c847ei6Oq9o

Figura 5.4 Ejes o unidades a considerar para la industria digital.

La Industria Digital debe trabajar los siguientes ejes o unidades

- **Productos y servicios**
- **Procesos**
- **Organización y personas**
- **Infraestructuras**

resto de partes interesadas que le son pertinentes, así como sus requisitos digitales. Asimismo, se deben identificar los cambios disruptivos y el impacto de estos aspectos sobre el modelo de negocio.

Se deben:

EJEMPLO 5.3

Procesos principales a los que se añadirá la THD robótica colaborativa (*cobot*).

Solución:

Venta *online*, diseño digital y fabricación de componentes X mediante la utilización de robótica colaborativa (*cobot*).

- **Definir y documentar el alcance del sistema de gestión para la digitalización,** incluyendo los procesos clave y en el marco de los ejes indicados anteriormente, justificando debidamente cualquier exclusión.

- **Identificar, además del cliente como clave en el negocio, otras partes interesadas** de la organización en el contexto digital.

  Se debe atender no solo las relaciones directas con sus usuarios o clientes, sino también con otras partes como las administraciones, los proveedores y aliados, las personas de la industria o los propietarios, etc.

- **Identificar las necesidades y expectativas** de cada una de las partes interesadas en lo que respecta a sus relaciones y canales digitales con la organización.

- **Redefinir digitalmente el modelo de negocio,** revisando su propuesta de valor y determinando nuevas estrategias para aumentar su eficiencia/eficacia.

Alcance del sistema de gestión para la digitalización

Para definir y documentar el alcance del sistema de gestión para la digitalización en la organización, se debe **determinar a qué áreas, departamentos y procesos** se puede considerar aplicable.

EJEMPLO 5.4

Procesos principales a los que se añadirá la THD impresoras 3D.

Solución:

Diseño digital mediante sistema de modelado 3D y fabricación aditiva de componentes X mediante la utilización de impresoras 3D.

Como áreas y departamentos se debería incluir la totalidad de los mismos que hayan sido establecidos por la organización, ya que la transformación digital puede afectarles a todos (gerencia, diseño y desarrollo de productos/servicios, administración, compras, comercial, producción, logística, mantenimiento, etc.).

En lo referente a los procesos, en primer lugar, se debe dar prioridad en el corto plazo a los procesos de trabajo que ya se encuentren digitalizados y automatizados.

En segundo lugar, se incluirían los procesos que pueden llegar a digitalizarse y automatizarse en el medio plazo.

La anterior secuencia facilita el desarrollo del sistema de gestión para la digitalización, ya que en el contexto actual de los países desarrollados la utilización de las infraestructuras informáticas internas y externas, así como la utilización de sistemas informáticos para la gestión y control de sus procesos, ya hace que la mayoría de las organizaciones cuenten con cierto grado de digitalización.

EJEMPLO 5.5

Proceso principal a los que se añadirá la THD IA y Machine Learning.

Solución:

Inspección y control de calidad de productos X mediante la utilización de algoritmos de inteligencia artificial de Machine Learning y visión artificial.

Para la digitalización debería incluir los procesos principales, como son: diseño, producción, instalación y mantenimiento de productos y sistemas de… Y, en el caso de empresas de servicios, el alcance podría ser: diseño y prestación de servicios de…, añadiendo el componente tecnológico en base a la aplicación de las tecnologías de la Industria 4.0.

ACTIVIDAD PROPUESTA 5.2

Visione la píldora formativa «Transformación digital: hacia la Industria 4.0».

https://youtu.be/whtE7JVb6Ec

Identifique las necesidades y expectativas del proceso de transformación en función del nivel de partida.

5.3 THD implicadas en la digitalización de las etapas. Relación entre etapas

Al planificar la digitalización, la empresa debe considerar las cuestiones referidas al cliente y al resto de partes interesadas y las necesidades y expectativas identificadas.

Se debe:

- Asegurar que la digitalización pueda lograr sus resultados previstos.

- Identificar, evaluar y priorizar cada uno de los riesgos (inhibidores) y oportunidades (THD).

    En este contexto, riesgos y oportunidades se pueden interpretar como inhibidores y habilitadores o THD en el proceso de la digitalización.

- Proponer las acciones necesarias para el tratamiento de los riesgos (inhibidores) y oportunidades (THD).

- Prevenir nuevos riesgos de la digitalización.

- Lograr la mejora continua como consecuencia de la digitalización.

La empresa debe planificar las acciones necesarias para abordar los riesgos básicos que aparecen en la tabla 5.1 y las oportunidades que aparecen en la tabla 5.2 sobre la digitalización, de forma que contribuyan a la mejora de los procesos.

Tabla 5.1 Listado de riesgos básicos en la digitalización.

Lista de posibles riesgos (inhibidores) en la digitalización				
N.º	Riesgo identificado	Área / Departamento	Proceso	Personal afectado
1	Falta de una estrategia, cultura y liderazgo digital			
2	Resistencia al cambio			
3	Inversión económica			
4	Reducción de ingresos o de productividad (organización analógica frente a organización digital)			
5	Falta de conocimiento y competencia técnica			
6	Cliente no digitalizado			
7	Seguridad y privacidad			
8	Tecnologías no adaptadas al contexto digital (tecnología heredada)			
9	No agilidad			
10	Riesgos derivados de los procesos de regulación			

Tabla 5.2 Listado de oportunidades de naturaleza tecnológica en la digitalización.

Lista de THD
CONECTIVIDAD
• Aplicación de redes de nueva generación
• Aplicación de tecnologías informáticas en la nube (*cloud computing*)
• Aplicación de la ciberseguridad
• Aplicación del IoT y *wearables*
• Aplicación de tecnologías de cadena de bloques (Blockchain)
APLICACIONES DE CLIENTE
• Aplicación de movilidad y uso de *apps*
• Aplicación de plataformas colaborativas, redes sociales
• Aplicación de la gamificación
DATOS DIGITALES
• Aplicación de Analytics y Big Data
• Aplicación de inteligencia artificial e informática cognitiva
AUTOMATIZACIÓN
• Aplicación de servicios de ubicación (GPS) y realidad aumentada
• Aplicación de robots y drones
• Aplicación de impresoras 3D (aditivas)
• Aplicación de sensores y sistemas embebidos

5.3.1 Relación entre etapas

Las actuaciones desarrolladas en las diferentes etapas o áreas de la empresa deben coordinarse y tender hacia **el objetivo primordial, que es el de ofrecer mayor valor al cliente de la manera más eficiente posible**. Así, de nada sirve disponer de un servicio tecnológicamente avanzado para la generación de pedidos de un cliente de una manera rápida y ágil si luego los sistemas productivos no son capaces de seguir el ritmo impuesto por los clientes.

Figura 5.5 Dimensiones y áreas de trabajo en un plan de digitalización.

La organización debe considerar como prioridad, dentro de su planificación detallada de digitalización, los aspectos que se detallan a continuación.

En torno al cliente se diferencia un núcleo principal integrado por el propio **producto o servicio** ofrecido por la empresa a sus clientes, que se genera a partir de una serie de **procesos y operaciones productivas** y que se ofrece a través de unos mecanismos y una serie de elementos complementarios que influyen en la experiencia de compra, uso del producto y relación del cliente con la empresa, lo que se engloba bajo el concepto de **experiencia del cliente**.

Todos estos elementos del núcleo principal vienen soportados y articulados por una estrategia, definida por un determinado **modelo de negocio**, una **estructura tecnológica** que da soporte a los mismos y por un **equipo humano de trabajadores** que constituye el alma de la empresa.

Tecnología

La organización debe determinar y proporcionar la infraestructura (por ejemplo, **tecnológica**) necesaria para el establecimiento, implementación, mantenimiento y mejora continua de su digitalización, así como los **recursos económicos y financieros** necesarios para lograrlo.

La infraestructura es la que presta apoyo a todos los procesos de la organización, y la que permite que se adopten las tecnologías que facilitan la digitalización.

Tabla 5.3 Requisitos de las infraestructuras.

Requisitos de las infraestructuras
Disponer de una planificación de TIC documentada y alineada con la estrategia de negocio, incluyendo un análisis detallado de las tecnologías necesarias actuales y emergentes, y que fomente la interoperabilidad en los procesos clave.
Disponer de infraestructura local (*on-premise*) o de informática en la nube (*cloud computing*).
Disponer de tecnología de conectividad para los sistemas de información y su relación con el negocio acorde con las necesidades detectadas.
Disponer de tecnología de almacenamiento y procesamiento de datos estructurados y no estructurados para los sistemas de información y su relación con el negocio acorde con las necesidades detectadas (BI-Analytics y Big Data).
Disponer de tecnología de ciberseguridad, que asegure la confidencialidad, la integridad, la disponibilidad y la privacidad de la información.

Personas

La organización debe contar con capital humano con habilidades y competencias suficientes en el ámbito digital para asegurar la digitalización de sus procesos y actividades y su evolución en el tiempo. Se debe:

- Identificar a las personas involucradas en los procesos, especialmente en aquellos clave de negocio, definiendo las competencias y roles digitales necesarios para la realización de las actividades que se llevan a cabo en dichos procesos.

- Identificar las actividades para las que se subcontrata a personal externo.

- Asegurar que las personas poseen los perfiles requeridos, incluyendo competencias digitales, con criterios basados en la educación, formación especializada o experiencia apropiadas, y asegurar también el mantenimiento y actualización de los conocimientos necesarios para el desempeño de las funciones digitales.

Modelo de negocio

El despliegue de un modelo de negocio que permita rentabilizar al máximo los desarrollos planteados resultará fundamental en el proceso de transformación y debe actuar como elemento tractor de toda la estrategia.

Figura 5.6 Importancia del modelo de negocio entre las etapas de digitalización.

Amplíe la figura aquí

5.4 Configuración de la empresa digitalizada. Cambios introducidos. Mejoras producidas

El proceso de transformación se concibe como un camino en el que la empresa va avanzando en diferentes ámbitos de actuación desarrollando proyectos cuya implantación irá configurando poco a poco un nuevo nivel de madurez digital. De esa manera, el punto final objetivo, la empresa 4.0 o empresa digitalizada, no es estático, ya que se irá redefiniendo gracias a la aparición en el futuro de nuevas tecnologías que ofrecerán posibilidades ahora no contempladas. No obstante, lo que está claro es que el camino llevará a la empresa progresivamente hacia nuevas capacidades y modelos de negocio que permitirán aprovechar el potencial de los avances conseguidos.

Una aproximación al recorrido que la empresa debe ir efectuando hasta convertirse en una empresa 4.0 se muestra en la siguiente figura para cada ámbito de actuación identificado.

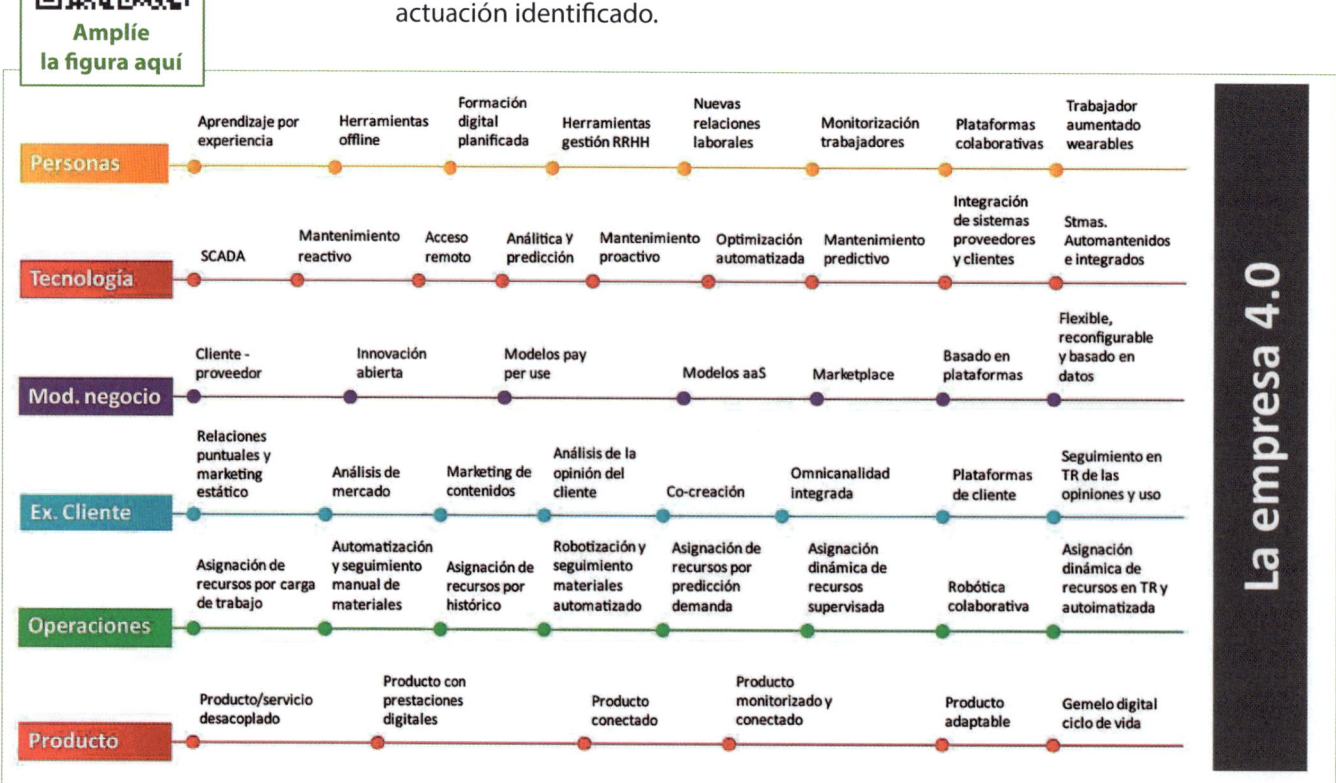

Figura 5.7 Configuración hacia la empresa 4.0.

5.4.1 Productos y servicios 4.0

El producto 4.0 se caracteriza por:

- Uso de **tecnología IoT** para incorporar funcionalidades digitales que permitan adaptar los productos y servicios de forma ágil y personalizada a cada cliente.

- Utilización de **sensores y conectividad** generando redes de sensores capaces de interactuar con el cliente, con el entorno, con otros productos, proporcionando servicios de mayor valor añadido para el usuario.

- **Análisis inteligente de los datos** de uso para la toma de decisiones de diseño, fabricación o distribución.

- El IoT incorporado en el producto ayuda a realizar operaciones de mantenimiento preventivo y correctivo de forma más eficiente.

- **Tecnologías** como **AR** y **VR** ayudan a optimizar el modo en que diseñamos y vendemos los nuevos productos proporcionando una inmersión total. Los productos se pueden probar incluso antes de que lleguen a la línea de producción, ahorrando tiempo y dinero.

- Simulación para poder contar con **gemelos digitales** de los productos a fabricar, lo que permite un mejor diseño, mayor personalización, y un análisis detallado de cómo puede interactuar el producto con el entorno y con los clientes.

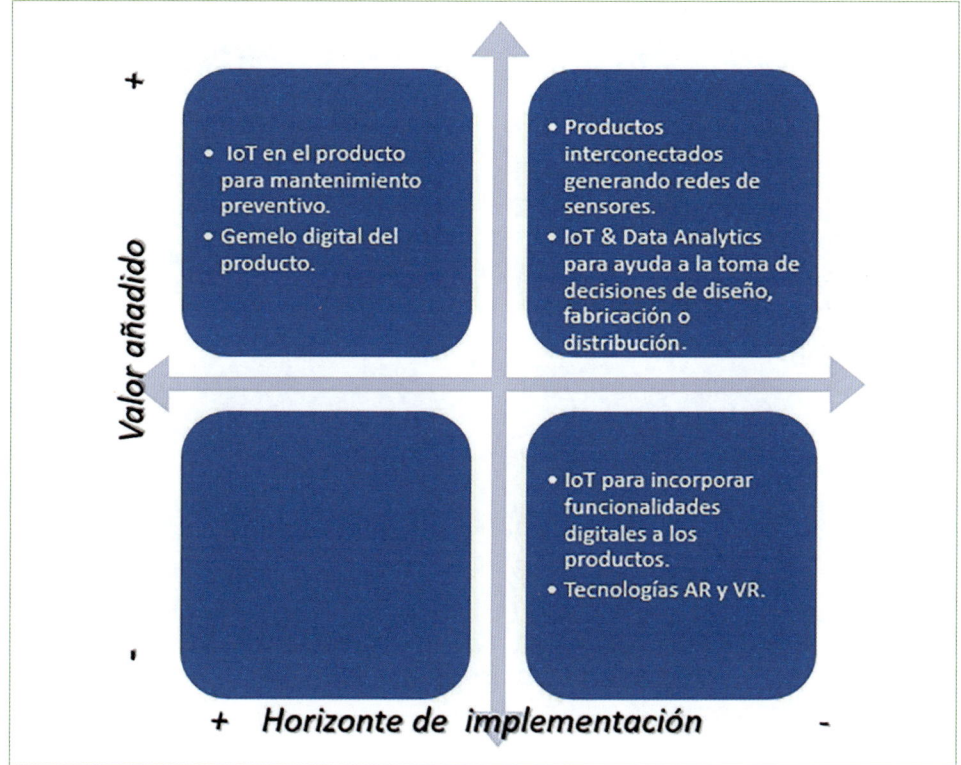

Figura 5.8 Matriz valor añadido-horizonte de implementación en productos y servicios 4.0.

5.4.2 Operaciones 4.0

En relación a los procesos, la empresa 4.0:

- Ha implantado tecnologías digitales que son la base para implantar **soluciones** de eficiencia (optimización de recursos energéticos o materias primas y reducción de costes) y flexibilidad (posibilidad de personalizar los productos) del proceso, que permiten gestionar series más cortas y más rápidamente. Realizan una **planificación inteligente de la producción y asignación dinámica de recursos a la operativa.**

- Dispone de **robótica móvil** para movimiento de material en el proceso productivo, logístico o de distribución, y **robótica colaborativa** para facilitar el trabajo del operario aportando flexibilidad.

- Gestiona la **trazabilidad *end-to-end*** durante todo el proceso productivo y logístico.

- Utiliza la simulación para desarrollar un **gemelo digital del proceso productivo** con el que optimizar las líneas de producción, el suministro a línea y la implantación de nuevos sistemas robotizados que tengan que convivir con distintas operativas internas. También es capaz a partir de la **simulación de optimizar el proceso logístico y de distribución,** de modo que la empresa pueda diseñar y optimizar sus redes de distribución de forma adecuada y flexible.

- Explota todos los datos disponibles mediante sistemas de **Data Analytics para flexibilizar y optimizar la cadena de suministro,** de modo que la empresa se anticipe a las necesidades de los clientes, trabaje de forma coordinada con todos los agentes de la cadena de suministro y favorezca la reducción de costes en el conjunto de la misma.

- Utiliza la **impresión 3D** para hacer posible la producción de prototipos mucho más rápidamente y agiliza el proceso de diseño.

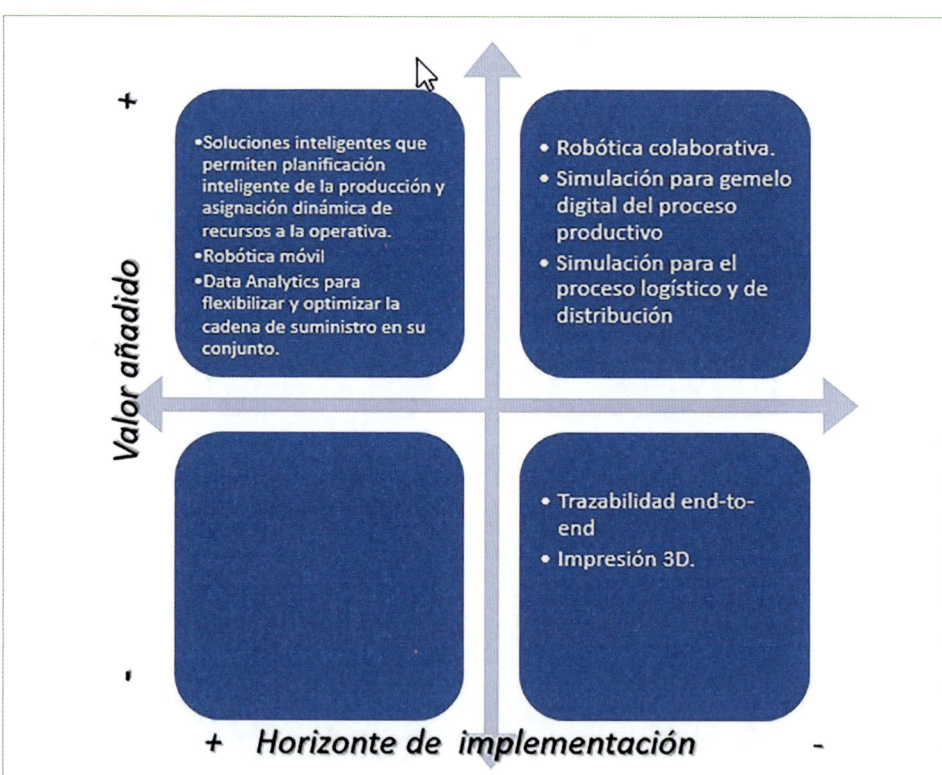

Figura 5.9 Matriz valor añadido-horizonte de implementación en operaciones 4.0.

5.4.3 La experiencia de cliente 4.0

En relación a la experiencia de cliente, la empresa 4.0:

- Está adaptada a la incorporación de nuevos **clientes completamente digitales,** lo que favorece su experiencia de compra desde el primer momento. Busca nuevos canales de venta, hace partícipe a los clientes en el diseño, establece colaboraciones, define nuevos modos de relacionarse con los clientes, etc.

- Realiza un **análisis personalizado del comportamiento de cada cliente** para adelantarse a sus demandas y poder **recomendar productos** basados en el perfil y el contexto del usuario.

- Aprovecha el **análisis** realizado **mediante** técnicas de **Big Data y Data Analytics para dimensionar la demanda** de cada uno de sus productos o familias de productos, lo que, a su vez, permite dimensionar de una forma inteligente los procesos productivos y de cadena de suministro.

- Es capaz de realizar **recomendaciones personalizadas** y contextuales de productos a través de canales digitales y detectar el interés de compra de un cliente facilitando la finalización de la compra a través del canal digital más adecuado para un usuario específico.

- Incorpora nuevos **modelos de negocio basados en el valor añadido** derivados de la interpretación de los datos del proceso 4.0, lo que permite **la información** detallada **de los procesos de compra** a los clientes y procesos posventa personalizados.

- Considera **nuevos modelos de negocio de pago por uso de los productos o consumo** de SaaS de distintas soluciones de la empresa.

- Es capaz de generar **nuevos modelos de negocio basados en la incorporación de tecnología en los productos 4.0,** que permiten crear otros servicios, como el mantenimiento predictivo, reinventando la propuesta de valor al cliente.

Figura 5.10 Matriz valor añadido-horizonte de implementación. Experiencia de cliente 4.0.

5.4.4 Los modelos de negocio 4.0

La empresa 4.0 estructura su modelo de negocio a partir de los siguientes elementos:

- Nuevas propuestas de valor a los clientes basadas en el conocimiento del uso de los productos y de su comportamiento en condiciones del servicio generado a partir de los datos recopilados.

- Nuevos canales integrados de comunicación y relación con los clientes (omnicanalidad).

- El acceso a nuevos nichos de cliente, al ser capaz de ofrecer propuestas de valor personalizadas y totalmente adaptadas a cada tipo de cliente.

- La optimización de las relaciones con proveedores y agentes de la cadena de valor a partir del conocimiento de la demanda derivado de la explotación de datos de gestión y de la automatización de procesos en la cadena de suministro.

- La apertura de nuevas posibilidades de colaboración, al funcionar bajo estructuras de **innovación abierta y cocreación**.

- La retención del talento gracias a la formación continuada y al establecimiento de nuevas formas de relaciones laborales soportadas por las nuevas tecnologías.

- El reforzamiento de los activos estratégicos de la empresa a partir de la monitorización continua de los mismos y de estrategias de mantenimiento predictivo.

- La optimización de costes a partir de la definición de procesos más eficientes y automatizados gracias a la sensorización y analítica de datos.

- El establecimiento de nuevas fuentes de ingresos derivados del **valor de los datos y la información asociada a los productos**. Servitización.

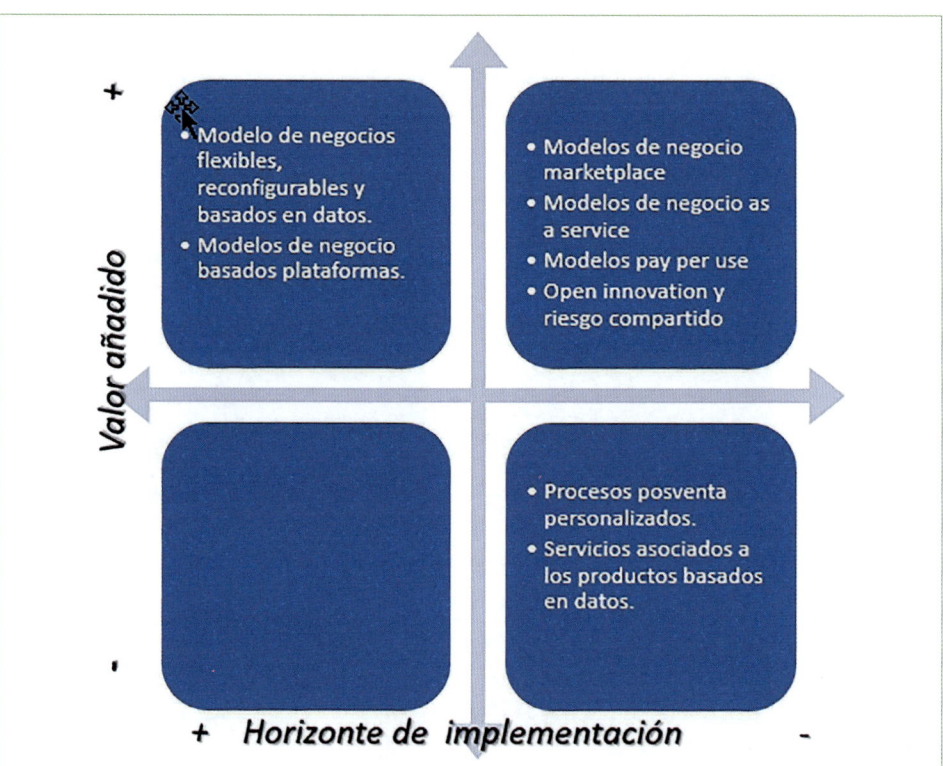

Figura 5.11 Matriz valor añadido-horizonte de implementación. Modelos de negocio 4.0.

5.4.5 Las tecnologías e infraestructuras 4.0

La empresa 4.0 requiere de soluciones de inteligencia y control, soportadas por una infraestructura adecuada que permita el control de la actividad desde distintas perspectivas del negocio (operaciones, económico financiero, recursos, etc.) para evaluar el rendimiento de la empresa y de los sistemas de gestión de la empresa. En resumen, utiliza:

- **Soluciones BI, Big Data y Data Analytics** para ayudar a la toma de decisiones de forma fácil e inteligente.

- **Plataformas colaborativas entre empresas** para la gestión unificada de los sistemas productivos y logísticos.

- **Plataformas comerciales o *marketplace*** para dar respuesta a un cliente digital que demanda soluciones de onmicanalidad.

- Soluciones de **ciberseguridad** como aspecto clave para restringir acceso no deseado a los sistemas de la empresa.

- Soluciones de **informática en la nube**. Según el nivel de utilidad del servicio *cloud*, existen infraestructuras, plataformas o *software* como servicio (IaaS, PaaS, SaaS).

- **Sensores y sistemas embebidos** para favorecer soluciones de monitorización de los sistemas y ayudar a acciones de mantenimiento correctivo y preventivo de forma optimizada.

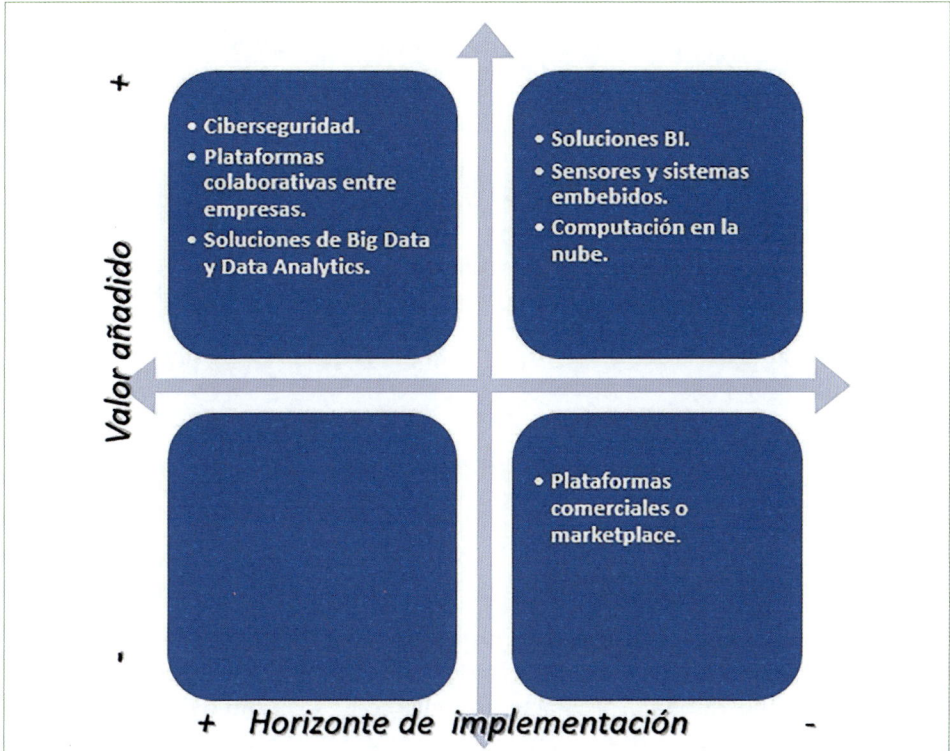

Figura 5.12 Matriz valor añadido-horizonte de implementación. Infraestructuras 4.0.

5.4.6 Organización y personas 4.0

La empresa 4.0 cuenta con empleados digitalizados que se pueden beneficiar del acceso a la información de la empresa y que contribuyen positivamente a los resultados gracias al uso de estas tecnologías:

- Se mueven en un entorno que permite **empoderar al trabajador,** habilitando a los empleados, lo que permite desafiar y empoderar tanto a los trabajadores como a los clientes.

- Aprovechan la digitalización inherente a los empleados en su día a día fuera de la empresa, para que eso también pueda beneficiar el acceso a la información de la empresa y contribuir positivamente a los resultados.

- **Son capaces de adaptarse al cambio** y a lo que se espera que hagan, y a cómo se espera que lo hagan.

- Están **formados digitalmente**, lo que permite la integración e incorporación de la tecnología (robots colaborativos, *wearables*, Data Analytics, etc.) en los procesos de la empresa.

- Se dedican a **tareas más completas de alto valor añadido**, variables y, a menudo, impredecibles, que requieren la capacidad de acceder y comprender gran cantidad de datos, dejando a sistemas inteligentes la realización de tareas repetitivas fácilmente automatizables.

- Se **desarrollan, promocionan y captan talento 4.0,** favoreciendo metodologías de aprendizaje ágil y flexible con un sentido de misión de la empresa, agilidad y toma de decisiones en equipo.

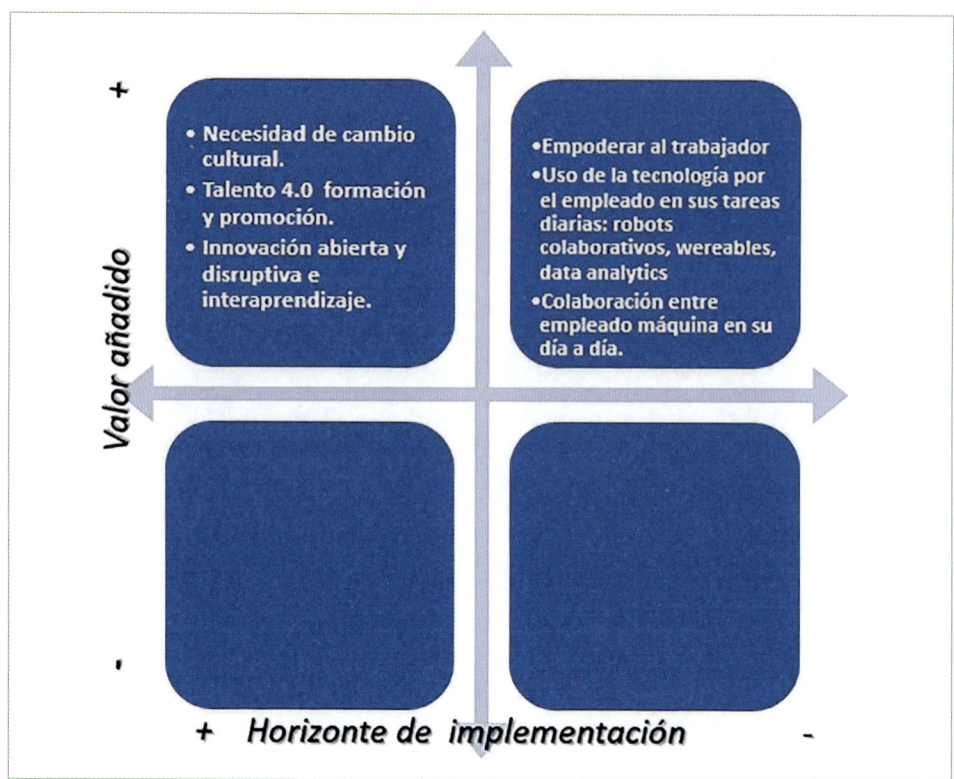

Figura 5.13 Matriz valor añadido-horizonte de implementación. Organización y personas 4.0.

5.4.7 Cambios introducidos

Una forma de comprobar los cambios introducidos en la empresa 4.0 es comprobar el grado de madurez del ecosistema de la digitalización de la empresa digitalizada, y, para ello, deben examinarse especialmente las **dimensiones de estrategia, clientes, productos y servicios, organización y tecnología**, además de los **procesos**.

Figura 5.14 Ecosistema de digitalización de la empresa.

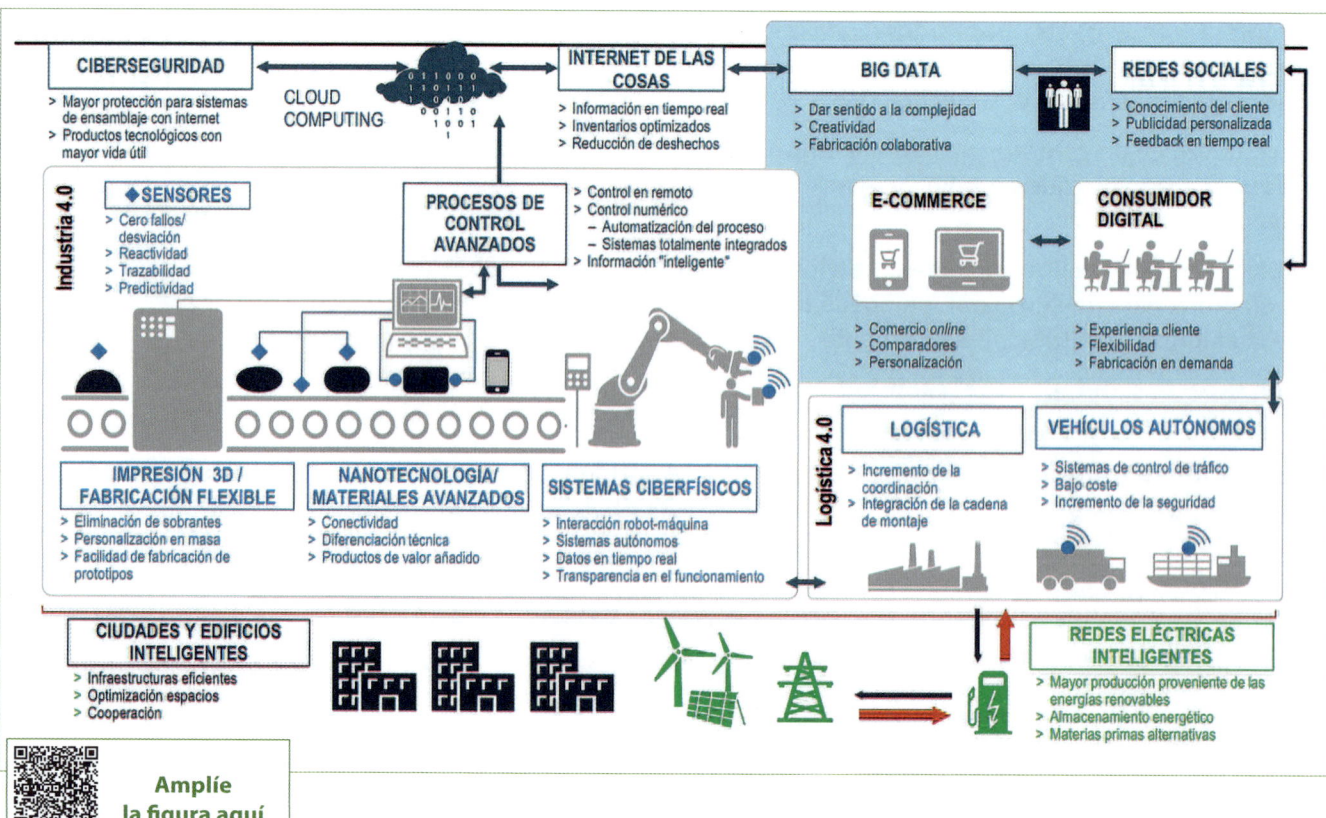

Con HADA, las empresas obtendrán un informe en el que se determinará su grado actual de madurez digital en base a 6 estadios definidos: estático, consciente, competente, dinámico, referente y líder.

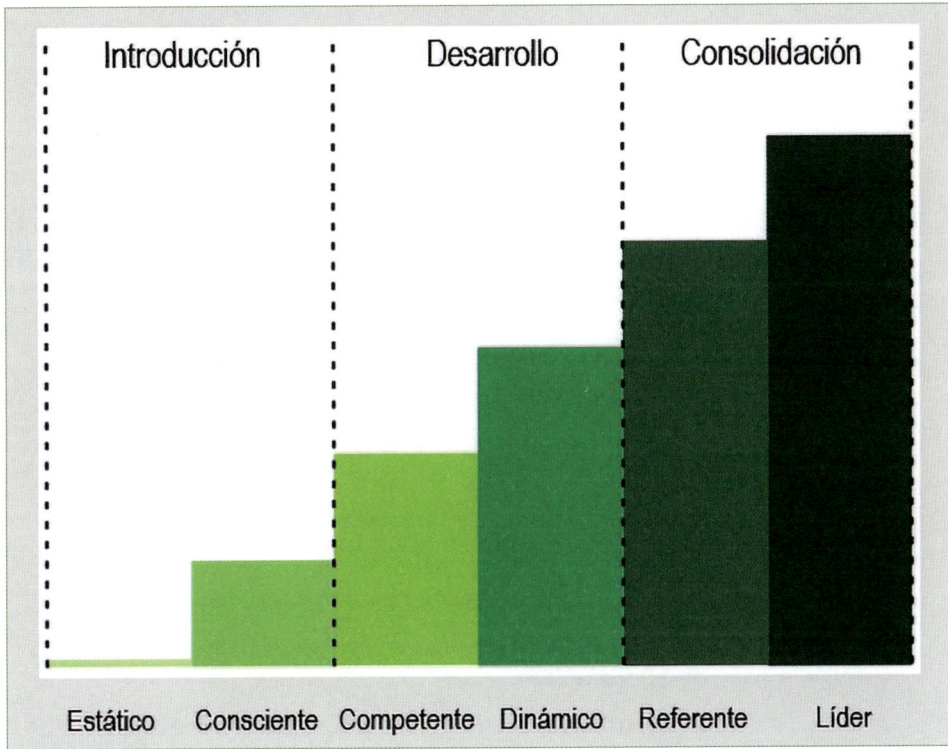

Figura 5.15 Escala completa del modelo de madurez en Industria 4.0 de HADA.

— PARA SABER MÁS —

HADA es la herramienta de autodiagnóstico avanzado para la transformación digital de la industria, de carácter gratuito, promovida por el Ministerio de Industria, Comercio y Turismo de España. Esta herramienta permite a una empresa evaluar su nivel de madurez en relación con el nuevo paradigma de la Industria 4.0. Del mismo modo, HADA está pensada para conocer la situación comparativa de la empresa con respecto a otras organizaciones con diferentes niveles de madurez, recursos y actividad.

https://hada.industriaconectada40.gob.es/hada/auth/login

En la siguiente tabla puede encontrar una explicación detallada del significado de cada nivel de madurez.

Niveles	Características
Nivel 0: Estático	Una empresa en este nivel no cumple ninguno de los requisitos de la Industria 4.0 (I4.0). El nivel 0 también se asigna automáticamente a aquellas empresas que desconocen lo que es la I4.0 o que es irrelevante para ellas.
Nivel 1: Consciente	Una empresa en este nivel está involucrada en la I4.0 a través de iniciativas piloto e inversiones en alguna área. Algunos procesos de producción están soportados por sistemas. La integración de sistemas y el intercambio de información son limitados.
Nivel 2: Competente	Una empresa en este nivel incorpora iniciativas de I4.0 en su estrategia. Se están haciendo inversiones de I4.0 en varias áreas. Se recogen algunos datos de forma automática, pero su explotación es limitada. Existe intercambio de información intraempresa, y se está comenzando a integrar la información con proveedores y clientes.

Niveles	Características
Nivel 3: Dinámico	Una empresa de este nivel ha definido una estrategia de transformación a la Industria 4.0. Se están realizando inversiones de I4.0 en múltiples áreas, y se promueve la introducción de nuevas soluciones de I4.0 a través de la gestión de la innovación. Los sistemas de producción están totalmente integrados con los sistemas de gestión, y recogen la información de manera automática y en tiempo real.
Nivel 4: Referente	Una empresa referente está utilizando una estrategia de Industria 4.0 y realizando su seguimiento con indicadores adecuados. Las inversiones se están realizando en casi todas las áreas, y el proceso se apoya en la gestión de la innovación. Los sistemas recogen grandes cantidades de datos, que se utilizan para la mejora continua. Se realiza intercambio de información tanto a nivel interno como externo. Se utilizan soluciones de ciberseguridad en algún departamento. La empresa está comenzando a explorar los procesos autónomos y de autocorrección. Los productos incluyen funcionalidades tecnológicas que permiten la recopilación y análisis de datos durante su uso. Se desarrollan servicios adicionales basados en dichos datos.
Nivel 5: Líder	Una empresa en este nivel ha puesto en marcha su estrategia de Industria 4.0, y realiza un seguimiento periódico del estado de la implantación de los proyectos, apoyado por las inversiones en todas las áreas de la empresa. Se ha establecido la gestión de la innovación colaborativa a nivel interno y externo. Se han aplicado soluciones de ciberseguridad, y las soluciones en la nube ofrecen una arquitectura tecnológica flexible. Se utilizan piezas inteligentes que se guían de forma autónoma, así como procesos que reaccionan de manera autónoma. Los productos cuentan con funcionalidades tecnológicas. Los datos recogidos en la fase de uso de los productos se emplean para el desarrollo de nuevos productos y servicios. Los servicios basados en datos representan una parte significativa de los ingresos.

5.4.8 Mejoras producidas

Los efectos de la transformación digital en las empresas se dan tanto a nivel cuantitativo sobre sus resultados económicos como cualitativos a nivel del bienestar de sus empleados y también clientes.

Desde el punto de vista de resultados económicos directos, la madurez digital mejora el rendimiento de las empresas a nivel de:

- **Mejora de la cifra de negocios,** a través de un mejor conocimiento del cliente, permitiendo hacer propuestas de productos o servicios con más valor para ellos y mejor adaptados.

- **Optimización de costes,** gracias al aumento de la eficiencia tanto en los procesos como en la toma de decisiones de las empresas. Solo a nivel de costes, y considerando el sector de la industria, el aprovechamiento de las palancas digitales permite reducir la base de costes en un total del 10 % al 20 %, impactando en prácticamente todas las funciones operativas: producción, logística, inventario, calidad y mantenimiento.

Figura 5.16 Ganancias de eficiencia en plantas digitales.

5.5 Plan de transformación. Recursos empleados

Cada empresa desarrolla su propio proyecto y, por tanto, seguirá su propio camino (hoja de ruta) de digitalización, que dependerá de diversos factores, como son el sector de actividad, el tamaño de la empresa, la madurez digital, la ubicación y su zona de influencia y actividad, la competencia potencial y los modelos de negocio objetivos, las capacidades y talento disponibles, los medios financieros, la cultura de la dirección, entre otros. Se puede abordar un proyecto de transformación integral o selectivo. Sin perjuicio de la existencia de equipos y herramientas relativamente estandarizadas que pueden ser incorporadas con rapidez a las empresas para disponer de un punto de partida básico de digitalización, se trata de un proceso que necesariamente conlleva cambios en la propia dirección de la empresa y los procesos subyacentes y que, por ello, requiere una adaptación personalizada a las circunstancias y necesidades específicas.

El camino de la digitalización es un proceso de mejora continua, cíclico, adaptativo al nuevo entorno y a los cambios realizados, en el que la empre-

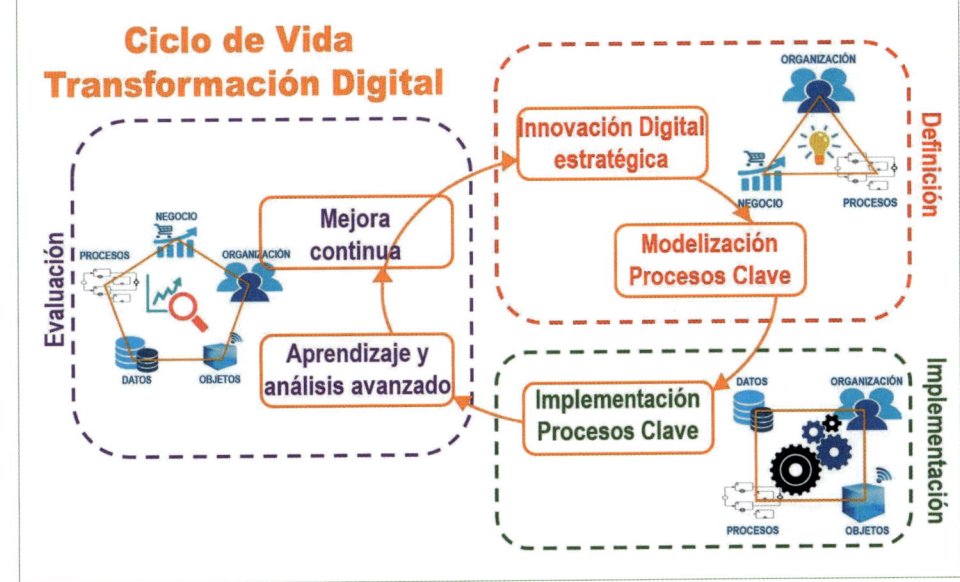

Figura 5.17 El ciclo de vida de la transformación digital.

sa debe estar continuamente monitorizando los resultados obtenidos y ajustando el proceso de desarrollo y despliegue de las medidas de digitalización adoptadas.

**Amplíe
la figura aquí**

Figura 5.18 La escalera de la transformación digital.

5.5.1 Dar forma al desafío digital

Se tratará de definir la **visión digital de la empresa**, el objetivo al que llegar después de la transformación. Al mismo tiempo, se tratará de **crear necesidad** poniendo lo digital como prioritario en la agenda de la empresa y teniendo presente que la verdadera transformación solo es posible desde la cúpula directiva, pues solo desde allí se pueden aprovechar las sinergias resultantes de la digitalización en diferentes departamentos o unidades.

Está visión digital se orientará a nuevas **tendencias tecnológicas del sector,** con cambio de oferta de productos y servicios, con **nueva cadena de valor**, nuevas formas de relacionarse con los clientes (*customer experience*), nuevas formas de funcionamiento (modelización de procesos clave: diseño de productos / servicios; fabricación; logística y distribución; relación con el cliente: *marketing* / comunicación, venta, posventa y atención al cliente) o nuevos modelos de negocio combinando las anteriores. Será ambiciosa y transformadora y se visualizará a partir de unos objetivos e indicadores concretos. Al mismo tiempo, deberá evolucionar en el tiempo, adaptarse a los **retos generales de la Industria 4.0 para el sector** y ser capaz de **aprovechar las nuevas tecnologías habilitadoras para el sector** que aparezcan en el camino.

Con ello, se realiza la **identificación y se determina el punto de partida** mediante un diagnóstico inicial sobre el nivel de digitalización en la empresa. Se tratará de entender los puntos débiles y fuertes, identificando los **activos estratégicos** y evaluando la importancia de los mismos en el mundo digital. ¿Seguirán siendo estratégicos?

Figura 5.19 Definición de los tres principales cambios de la nueva organización digital.

Del mismo modo, ha de evaluarse y revisarse el modelo de negocio. ¿Qué puede aportar lo digital en cada uno de los elementos del modelo de negocio?

Con todo eso, se definirán **los grandes objetivos** para la digitalización que configurarán la visión digital. ¿Dónde queremos estar y cómo nos vemos dentro de unos años apoyándonos en lo digital? Debemos alinear al equipo directivo y compartiendo la visión.

01 IDENTIFICACIÓN

TENDENCIAS TECNOLÓGICAS DEL SECTOR

Estudio de vigilancia tecnológica en relación a los productos y competidores de la empresa que permita identificar soluciones más avanzadas, tanto de producto, como de procesos de fabricación, como de relación / servicio al cliente.

RETOS GENERALES DE LA I4.0 PARA EL SECTOR

Análisis de la situación actual de la empresa en relación a los retos del sector (detección de problemas) y revisión de soluciones relacionadas con la Industria 4.0 que ya se están aplicando en ése o en otros sectores.

TECNOLOGÍAS HABILITADORAS PARA EL SECTOR

Análisis inicial de aplicabilidad de las tecnologías relacionadas con la Industria 4.0 en los proyectos de mejora continua e innovación que la empresa tiene en cartera.

CARTERA DE PROPUESTAS

03 IMPLANTACIÓN

Una vez que hemos analizado las tendencias y retos del sector de la empresa y hemos detectado las tecnologías habilitadoras de la Industria 4.0 que aplican a dicho sector, acompañamos a las empresas en la definición de sus objetivos estratégicos y su posicionamiento en el mercado.

Posteriormente, se estudia la viabilidad técnica y económica de las propuestas definidas en la fase anterior para, finalmente, seleccionar y priorizar aquellas que más posibilidades de éxito tengan.

02 SELECCIÓN

Finalmente, llegamos a la fase de implantación. Es entonces cuando se planifican y ejecutan los proyectos que permiten a las empresas alcanzar un grado de madurez tecnológica propia de la Industria 4.0.

Amplíe la figura aquí

Figura 5.20 Un proceso que puede sistematizarse.

ACTIVIDAD PROPUESTA 5.3

Visione la píldora formativa «Transformación digital: hacia la Industria 4.0».

https://youtu.be/tBM-p1XcLwQ

Identifique cómo plantea la situación de partida del plan de transformación y qué debe introducir en la primera fase según la hoja de ruta.

5.5.2 Plan de acción

Los objetivos y la visión definida para la digitalización ha de trasladarse a un **plan de acción** construido a partir de un porfolio de **proyectos integrados en diferentes áreas de trabajo** que permitan avanzar en paralelo en varios de los ámbitos relevantes.

El punto clave, por tanto, en la definición del plan de acción es la identificación de proyectos que, tras una adecuada priorización, lleven asociado un presupuesto de inversión y puedan escalonarse en el tiempo de acuerdo a las posibilidades y capacidades de la empresa.

Teniendo en cuenta que la digitalización es un proceso transformador integral y multidimensional en el sentido de que debe extenderse en todas las áreas de la empresa, es importante que el porfolio de proyectos no se centre únicamente en alguna de esas dimensiones, como puede ser el producto o las operaciones, sino que progresivamente se vayan generando avances en todas ellas, a ser posible en paralelo.

ACTIVIDAD PROPUESTA 5.4

Visione la píldora formativa «Hoja de ruta para la transformación de la industria».

https://youtu.be/tBM-p1XcLwQ

Identifique las fases según la hoja de ruta.

ACTIVIDAD PROPUESTA 5.5

Identifique, según Aetech, empresa especializada en la implantación de tecnologías, el porfolio de proyectos o pasos del plan de acción para implementar en la empresa la Industria 4.0, en función de sus dimensiones.

https://www.aetech.biz/como-afrontar-un-proyecto-de-industria-4-0-en-tu-organizacion/

5.5.3 Movilizar a la organización

Conviene explicar claramente las ventajas que las diferentes unidades de la empresa obtendrán del proceso de transformación y utilizar todos los canales posibles de comunicación abriendo posibilidades para la interacción y la recogida de sugerencias.

La definición e implantación de nuevos procedimientos y formas de trabajo constituyen un soporte formal de gran importancia a la hora de involucrar a toda la organización de una manera progresiva y natural.

En definitiva, se trata de orientar la propia cultura de la empresa hacia lo digital y la innovación, cambiando la forma de trabajar y haciéndolo visible, incentivando comportamientos, promoviendo la colaboración y la multidisciplinariedad y reforzando la formación y la incorporación de nuevos perfiles digitales a la empresa.

5.5.4 Ejecutar y medir

El despliegue y la implantación de los proyectos de digitalización debe orientarse a reducir ineficiencias y mitigar riesgos financieros y operativos, teniendo en cuenta que debe combinarse un enfoque de largo plazo hacia la transformación digital completa con el aprovechamiento de oportunidades en el corto plazo.

En cualquier caso, resultará necesario definir un modelo organizativo que dé soporte al proceso, planificar inversiones y gestionar el porfolio de proyectos con una sistemática de aprobación más elaborada que el análisis de retorno de inversión.

Para eso conviene tratar el proceso de transformación a modo de hoja de ruta, definiendo bien el punto de partida, planteando hitos intermedios con resultados, con asignación de presupuestos y recursos para cada una de las actuaciones y con métricas que permitan medir y supervisar los resultados.

Los beneficios y el valor generado por la implantación de estas tecnologías puede tener su origen en diferentes aspectos, dependiendo de la aplicación. No hay, por tanto, un valor único sino diferentes valores que contribuyen entre todos al beneficio total aportado. Entre estos posibles valores destacan:

- Valor derivado de la disponibilidad de información en tiempo real que permite la toma de decisiones más rápida y fundamentada.

- Valor derivado de las posibilidades de identificación de los productos en proceso o almacén, de su seguimiento y trazabilidad.

- Valor derivado de las mejoras en la seguridad de los trabajadores que pueden conseguirse mediante la sensorización de zonas peligrosas y de los propios trabajadores.

- Valor derivado de una mejora de las operaciones y de los flujos de materiales gracias a la robotización y sensorización.

- Valor derivado de reducciones en consumo energético y en pérdidas de eficiencia a partir de un mejor conocimiento de los procesos.

- Valores derivados de nuevos procesos y operaciones que ahora son posibles gracias a las nuevas tecnologías.

- Valor derivado de mejoras en el mantenimiento y en el aumento de la disponibilidad de máquinas gracias a las posibilidades del mantenimiento predictivo basado en sensorización y análisis automatizado de datos.

- Valor derivado de nuevas funcionalidades en los productos, por ejemplo, de conectividad.

Reto profesional

Plan de transformación. Recursos empleados

Breve descripción

La finalidad de este reto profesional es vivenciar, en el contexto de una empresa, la elaboración de un documento con la secuencia del plan de transformación y los recursos empleados: la elaboración de un plan de transformación de una empresa clásica del sector en el que se enmarca el título, basada en una EL, al concepto 4.0, determinando los cambios a introducir en las principales fases del sistema e indicando como afectaría a los recursos humanos.

El reto

En el reto, por equipos, se va a tratar de elaborar un plan de transformación de una empresa clásica del sector, en el que se enmarca el título, basada en una EL, al concepto 4.0, determinando los cambios a introducir en las principales fases del sistema e indicando como afectaría a los recursos humanos. Para ello, previamente definirán a nivel de bloques el diagrama de funcionamiento de la empresa clásica; posteriormente, identificarán las etapas susceptibles de ser digitalizadas y definirán las tecnologías implicadas en cada una de las etapas, estableciendo la conexión de las etapas digitalizadas con el resto del sistema. Se debe elaborar por parte del equipo del reto un diagrama de bloques del sistema digitalizado y un informe de viabilidad y de las mejoras introducidas. Se realizará un feedback analizando la mejora en la producción y gestión de residuos, entre otras. Y, en última instancia, se defenderá ante los otros equipos (como posibles clientes), el documento con la secuencia del plan de transformación y los recursos empleados.

Figura del proceso de desarrollo del reto hasta la presentación del plan de transformación.

Para realizar el reto profesional 4, acceda a www.marcombo.info y descargue gratis el contenido adicional.

Código: **MARCOMBO20**

Mapa conceptual

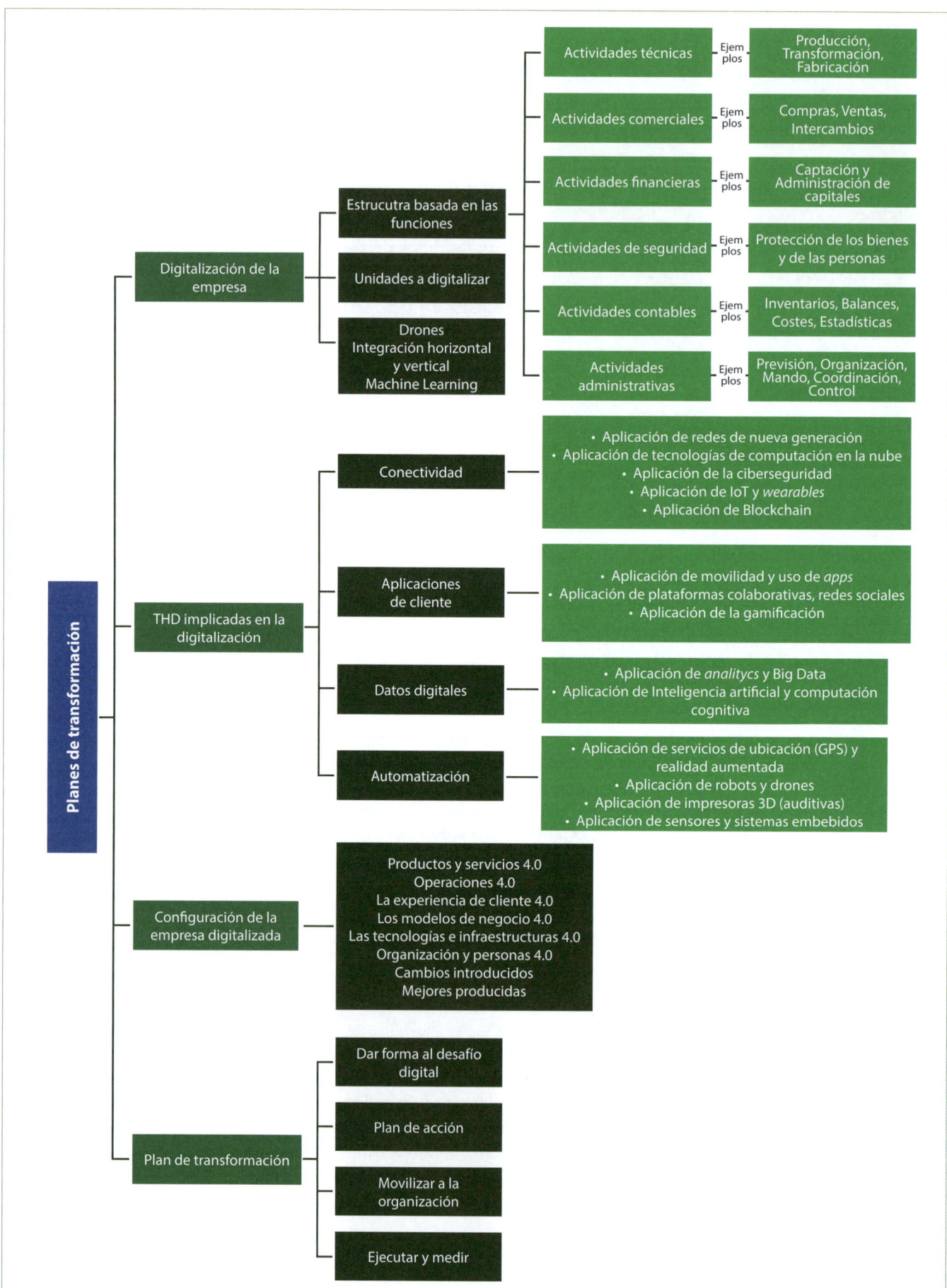

Figura 5.21 Mapa conceptual de la gestión de la producción.

TEST DE EVALUACIÓN

1. ¿Qué se debe considerar en la estrategia de negocio de la industria digital?

a) Infraestructuras, organización y tecnologías.

b) Procesos, personas, productos y datos.

c) Relaciones con proveedores y distribuidores.

d) Gestión de procesos de *marketing*.

2. ¿En qué se basa la estructura organizativa de una empresa clásica?

a) Tareas individuales y puestos de trabajo.

b) Funciones comunes y departamentos.

c) Jerarquía y niveles de autoridad.

d) Productos y servicios ofrecidos.

3. ¿Cuál de los siguientes es un posible riesgo (inhibidor) identificado en el proceso de digitalización?

a) Falta de estrategia, cultura y liderazgo digital.

b) Implementación de analítica y Big Data.

c) Aplicación de redes de nueva generación.

d) Aplicación de servicios de localización (GPS) y realidad aumentada.

4. ¿Cuál es una posible oportunidad (THD) en el proceso de digitalización?

a) Falta de conocimiento y competencia técnica.

b) Aplicación de Internet de las cosas (IoT) y *wearables*.

c) Implementación de robótica y drones.

d) Aplicación de la informática en la nube.

5. ¿Cuál es el nivel 1 de los niveles de madurez del modelo de Industria 4.0 de HADA?

a) Consciente.

b) Dinámico.

c) Estático.

d) Líder.

6. ¿Cuáles son los efectos de la transformación digital en las empresas?

a) Aumento de la competencia en el mercado.

b) Mejora de la cifra de negocios y optimización de costes.

c) Mejora de la calidad de vida de los empleados y clientes.

d) Reducción de la inversión en tecnología.

7. ¿Qué se necesita para implementar la digitalización en una empresa?

a) Una adaptación personalizada.

b) Un equipo de consultores externos.

c) Un presupuesto ilimitado.

d) Una formación masiva de los empleados.

8. ¿Quién debe liderar la transformación digital en una empresa?

a) Clientes.

b) Proveedores.

c) Cúpula directiva.

d) Empleados de nivel medio.

9. ¿Cuál es el punto clave a la hora de definir el plan de acción para la digitalización?

a) Asignación de presupuesto.

b) Integración de proyectos en diferentes áreas de trabajo.

c) Identificación de proyectos.

d) Definición de objetivos y visión.

10. ¿Qué se debe considerar al implementar proyectos de transformación digital?

a) Ignorar las ineficiencias y centrarse en las oportunidades a corto plazo.

b) Reducir las ineficiencias y mitigar los riesgos financieros y operativos.

c) Minimizar los riesgos financieros e ignorar los riesgos operativos.

d) Aumentar las ineficiencias y asumir riesgos financieros.

ACTIVIDAD 1

Elabore un diagrama de bloques del funcionamiento de la empresa clásica u organismo equiparado del sector en el que se enmarca el título, mediante la aplicación web de Visio y, posteriormente, cargue el archivo de Visio generado en Teams.

ACTIVIDAD 2

Aplique la herramienta HADA a la empresa clásica u organismo equiparado del sector en el que se enmarca el título, para analizar las 16 áreas distintas que se corresponden con 5 dimensiones organizacionales de las empresas: estrategia de mercado, procesos, organización y personas, infraestructuras, y productos y servicios, evaluando el nivel de impacto y utilidad de los habilitadores de la Industria 4.0 sobre la empresa.

ACTIVIDAD 3

Identifique las etapas susceptibles de ser digitalizadas según los resultados del análisis de HADA y elabore un diagrama de bloques de la empresa u organismo equiparado del sector en el que se enmarca el título, documentando el alcance del sistema de gestión para la digitalización, incluyendo los procesos clave y en el marco de las 5 dimensiones indicadas en la actividad anterior, justificando debidamente cualquier exclusión mediante la aplicación web de Visio y, posteriormente, cargue el archivo de Visio generado en Teams.

ACTIVIDAD 4

Defina las tecnologías implicadas en cada una de las etapas de la empresa u organismo equiparado del sector en el que se enmarca el título, incluyendo como mínimo las que aparecen en el informe generado de aplicar la herramienta HADA.

ACTIVIDAD 5

Identifique el programa de apoyo a los Digital Innovation Hubs (PADIH). ¿Qué finalidad tiene? ¿Qué servicios presta? Localiza el EDIH para asesoramiento y apoyo en materia de innovación para la implantación de tecnologías digitales disruptivas en la empresa u organismo equiparado del sector en el que se enmarca el título.

ACTIVIDAD 6

Elabore un diagrama de bloques del sistema digitalizado en la empresa u organismo equiparado del sector en el que se enmarca el título mediante la aplicación web de Visio y, posteriormente, cargue el archivo de Visio generado en Teams.

ACTIVIDAD 7

Analice la mejora en la producción y gestión de residuos, entre otras medidas de la EC en la empresa u organismo equiparado del sector en el que se enmarca el título.